「テゼ」について

「テゼ」は 1940 年にブラザー・ロジェによってフランスのテゼ村で始められた男子の観想修道会です。カトリックとプロテスタントを出身とするブラザーたちが 30 ほどの国々から集まり、フランスのテゼ、また世界の貧しい地域で生活しています。

1950 年代後半から、多くの青年たちがテゼを訪問するようになりました。青年たちは、年間を通じて毎週テゼで開かれる集いに参加します。さらにテゼは、それぞれの家や学校や職場に戻って道を模索しつづける青年たちを支えるために、「地上における信頼の巡礼」を各地ですすめています。

テゼでは、一日三回、ブラザーたちとテゼを訪れているすべての人が共同の祈りに集まります。歌と聖書の朗読と沈黙。テゼの歌は、現在世界各地に広まり、多くの言語で歌われています。

The Taizé Community, 71250 Taizé, France.
Tel.:+33 (0)3 85 50 30 30 fax:+33 (0)3 85 50 30 15
Web:http://www.taize.fr email:community@taize.fr

曲番索引

Index

原曲索引 Alphabetical index

ローマ字索引 — Romanized Japanese Index

共に祈り続けるために

フランスのテゼに滞在した人、あるいはテゼが主催する世界各地の大会に参加した人が、よくこう尋ねます。「共に祈り続けるにはどうしたらいいでしょうか」。

歌は祈りを育みます。人々が神の前に集い、黙想し、そこで短いみ言葉が繰り返し歌い続けられるとき、神との交わり(コミュニオン)にわたしたちは招かれます。このテゼの日本語版歌集には、1999年に発行された歌集『すべての人よ 主をたたえよ』には含まれなかった歌やその後新たにテゼで歌われるようになった歌など、約80曲が掲載されています。

祈りの祝祭を共有するために、必ずしも多くの人が必要ではありません。二人または三人でも十分です。しかし、より大きな出会いに開かれるために、地域の教会や共同体などの祈りに加わることがとても大切です。そのようにして、あらゆる年代や国籍の人々がひとつにされてゆくのです。

祈りの場を整える

可能な限り教会を会場とし、そこがもてなしの場になるように整えます。十字架、イコンまたは開かれた聖書、ろくそく、花など、ほんのわずかなものが、祈りへの招きのしるしとなります。床に座って祈る人のために敷物を用意し、同時に必要な人たちのために椅子も準備します。和室で祈るときは、床の間にイコンや開かれた聖書などを置くことを考えてもいいでしょう。照明は明るすぎないように少し落とします。互いに向き合うよりも、みんな同じ方向を向いて祈ることを勧めます。それはこのような祈りが、キリストに向けられたものであることを表現します。

構　成

祈りは、1、2曲の歌で始まり、そのあと詩編が一人また二人の人によって交互に朗読、または歌われます。それぞれの節の後で人々はアレルヤを歌います（51 ～ 54)。詩編が歌われる場合、会衆はその各節の最後の和音をハミングし、その間ソリストが節文を歌うことも可能です。この場合、各節は2行ほどの短いものがふさわしいでしょう。各節が単に朗読される場合は、もう少し長めの節文でも構いません。(例：詩編34、42、62、73、84、98、100、103、121、139)。アレルヤのほかにも、詩編の内容にふさわしい歌を用いることもできます。

詩編の後に朗読される聖書の箇所は、長すぎないように、また分かりやすい箇所であるように配慮します。

朗読の前か後に、キリストの光を祝う歌をささげ、その歌の間にこどもまたは青年たちが前方に進み、用意されているキャンドルに火を灯してもいいでしょう。

朗読の後の歌は、聴いたことばが内側に宿ることを助け、それに続く沈黙の時へと導きます。

集っている人々がこのような沈黙の時間に慣れていない場合は、沈黙の前に、沈黙の時間について短くアナウンスすることも考慮します。短い沈黙が何回もあるよりも、5分から10分ほどの沈黙の時間を一回もつ方がいいでしょう。

沈黙の後、共同の祈願がささげられます。前もって準備された祈りを一人または二人が交代してささげ、はじめとそれぞれの祈りの間に、「キリエ」や「あわれみたまえ、主よ」など（55 ～ 61, 63 ～ 65）が歌われます。これらの後で、自由な祈りをささげることもできます。その場合、祈りが長くならないように注意します。

共同の祈願の後で、主の祈りを唱えあるいは歌うこともできます。そして場合によっては短い終わりの祈りを唱え、その後何曲かの歌をささげプログラムを終了します。

歌

人々が集まって祈るとき、黙想的な歌は皆が祈りに参加し共に神を待ち望むことを支えます。信仰の真実を端的に表現する短い歌詞は、福音に核心を明確に伝え、それを何回も繰り返して歌うことによって、その真実がわたしたちの存在のすべてを貫いてゆきます。

テゼの歌はシンプルですが、共同の祈りでそれを用いる場合は、準備も必要になります。

大きな集会の場合、小さな合唱隊や楽器演奏は祈りを支えます。そのとき、指揮する人は目立たないところに位置することが大切です。

伴奏楽器があると助けになりますが、必ずしも必要ではありません。

音叉や楽器で始めの音を出すことを勧めます。歌い出す人は曲の速さに気をつけ、次第に曲が遅くなってしまわないように注意します。

他言語を用いる人々が参加する大きな集いでは、日本語以外の歌詞で歌うことも考慮します。しかし、そうでない場合に、特別な理由があるとき以外は、他言語で歌うことは避け、日本語あるいはラテン語で歌います。またテゼの歌以外のよく知られた聖歌を 1, 2 曲含めてもいいでしょう。

なおこの歌集には、J. ベルティエが日本語と韓国語のために作曲した歌が含まれています（2, 3, 4, 63 ～ 65）。

この歌集には、人々の歌にのせてソロが詩編などを歌う曲（71 ～ 75 など）が含まれています。ソロのための楽譜は、フランスのテゼ共同体から入手できます。

ギターまたは鍵盤楽器は、歌の和声を支え、音程や速度を守ります。これらの楽器を含む諸楽器（リコーダー、フルート、オーボエ、チェロなど）の楽譜もテゼ共同体から入手できます。

この歌集では、原詩と日本語歌詞、場合によってはさらに別の言語の歌詞が掲載されていますが、これらの歌詞の意味が同一でない場合もあります。

ギターコード

テゼの歌のギターによる伴奏は、通常アルペジオ奏法が最も適しています。しかし、コードがすばやく切り替わるような部分では、コードの中のベース音（根音）と他の一音を鳴らすだけでも十分です。

コードの記法は標準的な英語記法に従っています。コードが示すアルファベットは、通常、コード中のベース音です。コードがこれと異なったベース音を指定する場合には、例えば Em/D のように記し、これは E マイナーコードをベース音 D と共に奏することを示します。

コードの中には数字のついているものもありますが、これはより繊細なニュアンスを表現するためです。

6th：コードの中の 5 度の音を 6 度の音で置き換えます。例えば、G6 は G メージャーコードの中の D の音を E の音で置き換えることを表します。Am6 コードでは、コード中の E の音を F♯ の音で置き換えます。

7th：短 7 度の音をコードに加えます。例えば、D7 では C の音を D コードに加えます。

M7：長 7 度の音をコードに加えます。例えば、DM7 では C♯ の音を D コードに加えます。（これを Dmaj7 と記す場合もあります。）

4-3：コードの中の 3 度の音を 4 度の音で置き換えて奏した後、3 度の音に戻します。（Dsus、Dsus4 などと記す場合もあります。）

ブラザー・ロジェの祈り

すべての人の神、あなたはわたしたちの心に何かを押し付けようとは決してなさいません。

一人ひとりの中に、あなたは、平和あふれる光を灯されるのです。

わたしたちの数々の失敗と喜びは、この光に照らされて、あなたの中に意味を見いだします。

キリスト・イエス、あなたが来られたのは、世を裁くためではなく、復活の主であるあなたを通してすべての人が救われ、和解するためです。

そして、ゆるす愛がわたしたちのうちで福音の炎になって燃え上がるとき、わたしたちの心は、それが苦悩の中にあるときでさえ、新たに愛することを始めるのです。

すべてのいのちあるものの神、あなたの福音によって、わたしたちは見捨てられた人、暴力や迫害を体験している人、祖国にとどまれない人に気付くのです。

そして、あなたから託されたこのような人々の苦悩を和らげるようにと、あなたはわたしたちを招いておられるのです。

復活なさったキリスト、あなたはわたしたちのとげで火を起こされるのです。

開いた傷口こそがあなたの愛が生じるところ。

そして苦痛のただ中にこそ、あなたは、あなたとの交わり（コミュニオン）を成就してくださいます。

あなたの声はわたしたちの夜の闇に宿るのです。

そしてわたしたちの内に賛美の門口が開かれるのです。

平和の神、あなたの思いは　わたしたちに福音の喜びをもたらすこと。

近くに、すぐ近くにあなたはおられて　信頼を日々あらたにさせながらわたしたちのいのちを見つめておられます。

あわれみの神、わたしたちは、福音によって、このよき知らせを聞くのです。

誰ひとり、そう、誰ひとりとしてあなたの愛から　あなたのゆるしから　除外される者はいないということ。

生ける神よ、あなたは賛美の心によって、わたしたちを自らの狭さと躊躇の気持ちから引き出してくださいます。

あなたは、キリストの貧しさを生きるわたしたちに希望の神秘を託され、それを、何よりもまず自分の生き方によって人々に分かち伝えるようにと、招いてくださったのです。

1 Cantate Domino canticum novum 歌え神に 天と地よ Utae kami ni ten to chi yo

♩. = 44
① G C D G C D4 - 3
② G C D G C D4 - 3
Can - ta - te Do - mi-no can - ti - cum no - vum. Al - le - lu - ia, al - le - lu - ia. Can -
う た え か み に て ん と 地 よ アレルヤ アレルヤ あ
③ G C D G C D4 - 3
④ G C D G C D4 - 3
ta - te Do - mi-no om - nis ter - ra. Al - le - lu - ia, al - le - lu - ia.
た ら し い う た う た え アレルヤ アレルヤ

歌え神に、天と地よ。アレルヤ、新しい歌うたえ。アレルヤ。
Utae kami ni, ten to chi yo. alleluia, atarashii uta utae. Alleluia.

Music : Taizé

2 Seirei kite kudasai 聖霊 来てください Seirei kite kudasai

♩ = 69
せい れい き て く だ さい—
Sei - rei, ki - te ku - da - sai

聖霊、来て下さい。
Seirei kite kudasai.

Music : J.Berthier

3 Sarange nanum いつくしみ 愛の Itsukushimi ai no

𝅗𝅥 = 60
F C Dm Am B♭ A Dm C F
사 랑 의 나 눔 있 는 곳 에 하 느 님 께 서 계 시 도 다
Sa - rang e na - num in - nun go - se ha - na-nim gge - so ge - si - do - da
い つ く し み あ い の - あ る と こ ろ か み と も に

いつくしみ、愛のあるところ、神ともに。／Itsukushimi ai no aru tokoro, kami tomo ni.

Music : J.Berthier

4 Miral（canon） 一粒の麦 落ちて死ねば Hitotsubu no mugi ochite shineba

Dm F C Dm F C Dm F C
1 2 3
밀 알 하 나 가 땅 에 떨 어 져 썩 으 면 열 매 를 많 이 맺 - 을 것 입 니 다
Mi - ral ha-na-ga ddang - e ddo-ro - jo sso-go-myon yol-me-rul ma - ni me - zol go-sim-ni - da
ひ と つ ぶ の む ぎ 落 ち て 死 ね ば＿＿ ゆ た か な 実 を む す ぶ でしょ う

一粒の麦、落ちて死ねば、豊かな実を結ぶでしょう。
Hitotsubu no mugi, ochite shineba, yutakana mi wo musubu deshou.

Music : J.Berthier

5 Despierta, tu que duermes 目覚めよ 眠る者 Mezame yo nemuru mono

♩ = 92
D A D G A
Fine
¡Des - pier - ta, tú que duer - mes! Le - ván - ta - te de‿en - tre los muer - tos, y
目 覚 め よ ね む る も の！ 死 者 か ら 立 ち 上 が れ キ
Fine
(rá.) ¡Des - pier - ta, tú que duer - mes! Le - ván - ta - te de‿en - tre los
（り） 目 覚 め よ ね む る も の！ 死 者 か ら 立 ち 上
D G D A
Cris - to te‿a - lum - bra - rá, y Cris - to te‿a - lum - bra - rá. ¡Des -
リ ス ト は ひ か り キ リ ス ト は ひ か り 目
muer - tos, y Cris - to te‿a - lum - bra - rá, y Cris - to te‿a - lum - bra -
が れ キ リ ス ト は ひ か り キ リ ス ト は ひ か

目覚めよ、眠る者！　死者から立ち上がれ、キリストは光。
Mezame yo, nemuru mono! Shisha kara tachi agare, Kirisuto wa hikari.

Music : Taizé

6 Kristus, din Ande イエスよ あなたは Iesu yo anata wa

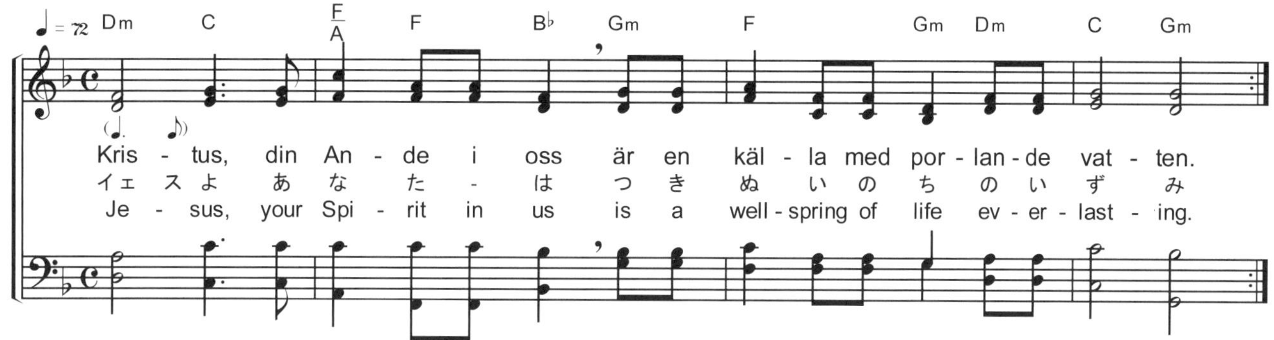
♩ = 72
Dm C F/A F B♭ Gm F Gm Dm C Gm
Kris - tus, din An - de i oss är en käl - la med por - lan - de vat - ten.
イェ ス よ あ な た - は つ き ぬ い の ち の い ず み
Je - sus, your Spi - rit in us is a well - spring of life ev - er - last - ing.

イエスよ、あなたは、尽きぬ命の泉。
Iesu yo, anata wa, tsukinu inochi no izumi.

Music : Taizé

7 Christe, lux mundi キリストは 闇を照らす光 Kirisuto wa yami wo terasu hikari

♩ = 58
Dm Am4 - 3 Dm Dm/C Gm/B♭ Am F B♭ C Gm/B♭ Dm/A Dm C
Chri - ste, lux mun - di, qui se - qui - tur te, ha - be - bit lu - men vi - tae, lu - men vi - tae.
キリス ト は や み を 照 ら す ひ か り い の ち の ひ か り 世 の ひ か り

キリストは、闇を照らす光、命の光、世の光。
Kirisuto wa, yami wo terasu hikari, inochi no hikari, yo no hikari.

Music : Taizé

8 Aber du weißt den Weg für mich 主よ あなたを見つめつづけ Omo yo anata wo mitsume tsuzuke

♩ = 69
E B7 C♯m B E A/C♯ G♯m
Gott, laß mei-ne Ge-dan - ken sich sam-meln zu dir. Bei dir ist das Licht,
主 よ あ な た を 見 つ め つ づ け 待 ち の ぞ む
F♯m G♯m E/G♯ E C♯m F♯m B7 E
du ver-gißt mich nicht. Bei dir ist die Hil - fe, bei dir ist die Ge-duld.
主 の ひ か り く ら や み に さ ま よ う と き も

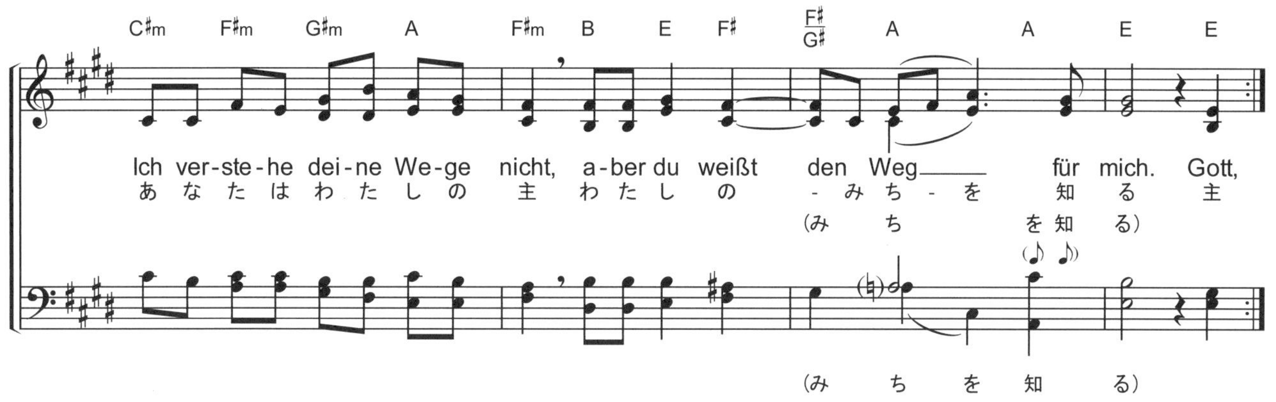
C♯m F♯m G♯m A F♯m B E F♯ F♯/G♯ A A E E
Ich ver-ste-he dei-ne We-ge nicht, a-ber du weißt den Weg für mich. Gott,
あ な た は わ た し の 主 わ た し の - み ち - を 知 る 主
(み ち を 知 る)
(み ち を 知 る)

主よ、あなたを見つめつづけ、待ち望む、主の光。
暗闇にさまようときも、あなたはわたしの主、わたしの道を知る。
Shu yo, anata wo mitsume tsuzuke, machinozomu, shu no hikari.
Kurayami ni samayou toki mo, anata wa watashi no shu, watashi no michi wo shiru.

Music : Taizé

9 Sanasi on lamppu　わが道照らす 神のみ言葉　Waga michi terasu kami no mikotoba

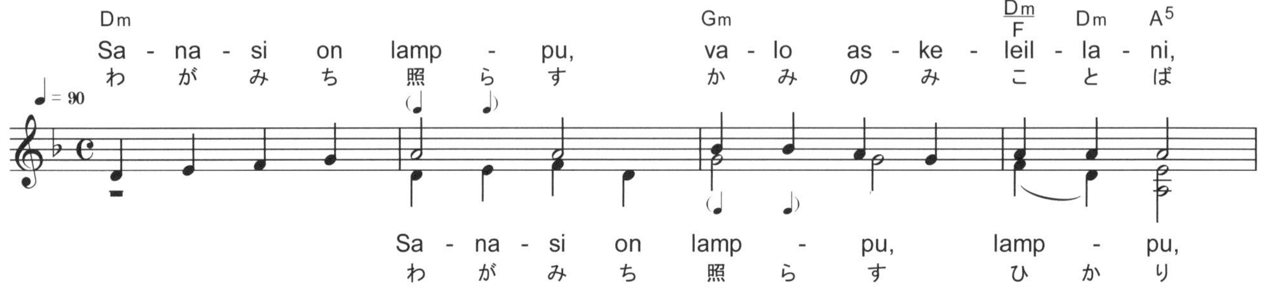
Dm Gm Dm/F Dm A5
Sa - na - si on lamp - pu, va - lo as - ke - leil - la - ni,
わ が み ち 照 ら す か み の み こ と ば
♩= 90
Sa - na - si on lamp - pu, lamp - pu,
わ が み ち 照 ら す ひ か り

Gm/B♭ C F Gm/B♭ Gm C A5 Dm
sa - na - si on lamp - pu, va - lo as - ke - leil - la - ni.
み ち を 照 ら す か み の み こ と ば

わが道照らす、神のみ言葉、道を照らす神のみ言葉。
Waga michi terasu, kami no mikotoba, michi wo terasu kami no mikotoba.

Music : Taizé

10 C'est toi ma lampe, Seigneur 主のみ言葉は 闇を照らす光 Shu no mikotoba wa yami wo terasu hikari

♩ = 76
Dm Gm C F Dm B♭6 A Dm A Dm
C'est toi ma lam - pe, Sei-gneur. Mon Dieu é - clai - re ma té - nè - bre. Sei - gneur, mon
主 の み こ と ば は や み を 照 ら す ひ か り 主 よ 主
Gm C F B♭ A D Gm C F Gm A Dm
Dieu, é - clai - re ma té - nè - bre. Sei - gneur, mon Dieu, é - clai - re ma té - nè - bre. C'est
よ わ た し の や み を 主 よ 主 - よ て ら し て く だ さい 主

主のみ言葉は、闇を照らす光。主よ、わたしの闇を、主よ、照らして下さい。
Shu no mikotoba wa, yami wo terasu hikari.
Shu yo, watashi no yami wo, shu yo, terashite kudasai.

Music : J.Berthier

11 Dans nos obscurités 闇のなかで Yami no naka de

♩ = 63
B Em Em D G C G
Dans nos obs-cu - ri - tés, al - lu - me le feu qui ne s'é-teint ja - mais, qui ne s'é-teint ja -
や み の な か で 消 え な い あ い の ほ の お を と も し た ま
D G D Em Bm7 C Am6 B Em Am6 B Em Am6
mais. Dans nos obs-cu - ri - tés, al - lu - me le feu qui ne s'é-teint ja - mais, qui ne s'é-teint ja -
え や み の な か で 消 え な い あ い の ほ の お を と も し た ま
B
mais. Dans nos obs - cu - ri -
え や み の な か

闇の中で、消えない愛の炎を、灯したまえ。
Yami no naka de, kienai ai no honou wo, tomoshi tamae.

Music : J Berthier

12 De noche いのちの水 求め Inochi no mizu motome

♩ = 60
p
Dm
B♭/D
C6
Gm/B♭
A4 - 3
De no - che i - re - mos, de no - che que pa - ra en-con - trar la fuen - te,
いのち のみずもとめ よるのやみ さまよう
Dm
cresc.
C
F
A
mf
pp
A
B♭/A
A
só - lo la sed nos a - lum - bra, só - lo la sed nos a - lum - bra. De
かわきこそがこころに ともしびをともす いの

命の水求め、夜の闇さまよう、渇きこそが心に、灯火を灯す。
Inochi no mizu motome, yoru no yami samayou,
kawaki koso ga kokoro ni, tomoshibi wo tomosu.

Music : J.Berthier

13 La ténèbre 闇も闇ではない Yami mo yami dewa nai

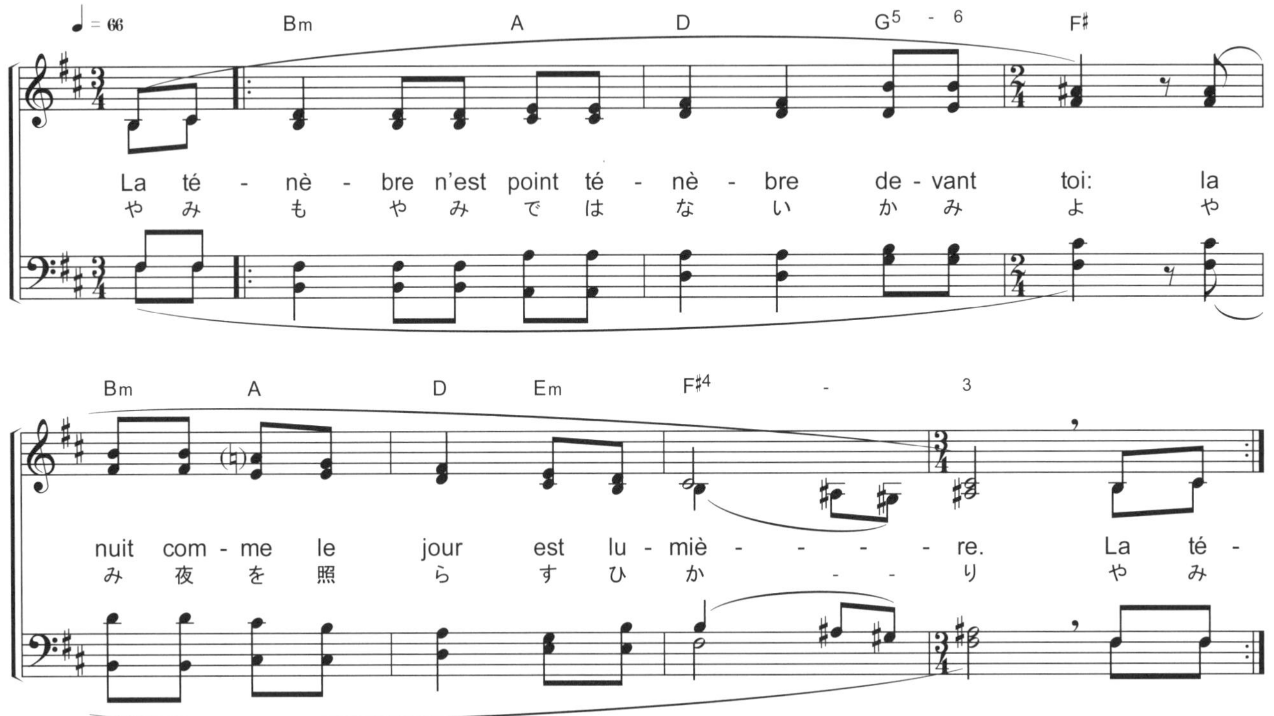

♩ = 66
Bm A D G5 - 6 F♯
La té - nè - bre n'est point té - nè - bre de - vant toi: la
や み も や み で は な い か み よ や
Bm A D Em F♯4 - 3
nuit com - me le jour est lu - miè - - - - re. La té -
み 夜 を 照 ら す ひ か - - り や み

闇も闇ではない神よ、闇夜を照らす光。
Yami mo yami dewa nai kamiyo, yamiyo wo terasu hikari.

Music : J.Berthier

14 Iedere nacht verlang ik 夜ごとに あなたを Yogoto ni anata wo

♩ = 69
Em Am Bm Em D G Am Em Bm Em Bm/D
Ie-de-re nacht ver - ik naar u, o God, ik hun - ker naar u met heel mijn ziel. Ie-de-re
夜 ご と に あ な た を さ が し も と め る こ の こ こ ろ わ た し

C D Em7 D7 G C Am Em Bm Em Am Bm/D Em
nacht ver-lang ik naar u, o God, ik hun - ker naar u met heel mijn ziel.
の た ま し い は 主 よ あ な た を 待 ち の ぞ む

夜ごとにあなたを探し求めるこの心。わたしの魂は主よ、あなたを待ち望む。
Yogoto ni anata wo sagashi motomeru kono kokoro.
Watashi no tamashi wa shu yo, anata wo machi nozomu.

Music : Taizé

15 Let all who are thirsty come 来て 飲みなさい Kite nominasai

♩= 75
D G A A/C♯ D A4 - 3 Bm Bm/D Bm/F♯ A/E D D/F♯ D
Let all who are thirst - y come. Let all who wish re-ceive the wa-ter of life
来 て 飲 み な さ い い の ち の み ず - か わ く も の は
G D G D D/F♯ G A/E D A
free - ly. A - men, come Lord Je - sus. A - men, come Lord Je-sus.
み な アー メン 来 て く だ さぃ アー メン い ま 主 イェ ス

来て飲みなさい。命の水、渇くものは皆。
アーメン、来てください。アーメン、今主イエス。
Kite nomi nasai. Inochi no mizu, kawaku mono wa mina.
Āmen, kite kudasai. Āmen, ima shu iesu.

Music : Taizé

16 Tu sei sorgente viva 主よ 注いでください Shu yo sosoide kudasai

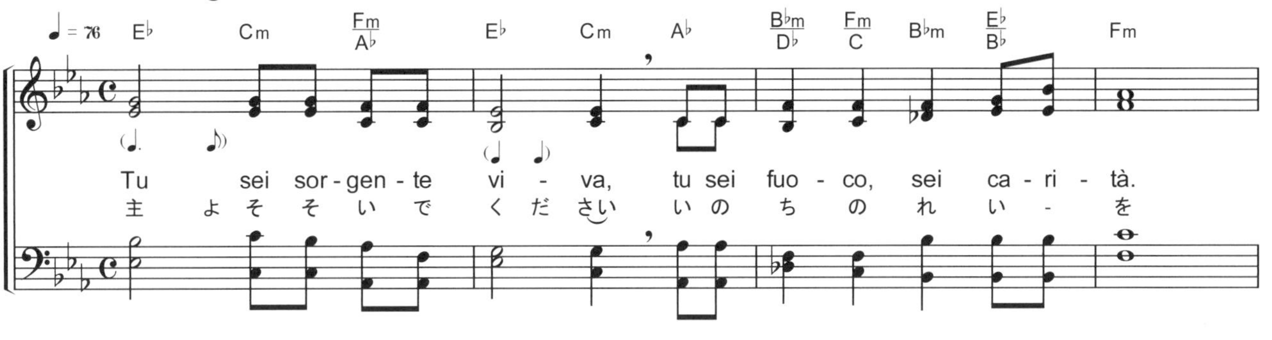

♩ = 76
E♭ Cm Fm/A♭ E♭ Cm A♭ B♭m/D♭ Fm/C B♭m E♭/B♭ Fm
Tu sei sor - gen - te vi - va, tu sei fuo - co, sei ca - ri - tà.
主 よ そ そ い で く だ さい い の ち の れ い - を

Cm/E♭ D♭ A♭/E♭ B♭m/F E♭ Fm D♭ A♭/E♭ E♭
Vie - ni Spi - ri - to San - to, vie - ni Spi - ri - to San - to.
も え る あ い の 火 も え る あ い の 火

主よ注いで下さい、命の霊を。
燃える愛の火。
Shu yo sosoide kudasai, inochi no rei wo.
Moeru ai no hi.

Music : Taizé

17 Przybądź, Duchu Boży 来たれ 主の聖霊 Kitare Shu no seirei

♩. = 49
Em D G Em/G Bm Em Em/G C/E D/F♯ G G/D D
Przy - bądź, Du - chu Bo - - ży, przy - bądź, Du - chu Świę - ty i
来 たれ、主 の せ い れ い 来 たれ、か み の い ぶ き す
Am/C G/B Am G C/E D7/F♯ G Bm Em D/F♯ D Em B
od - nów o - bli - cze zie - mi, i od - nów o - bli - cze zie - - mi.
べ て を あ - ら た - に す べ て を あ ら た に

来たれ、主の聖霊、来たれ、神の息吹、すべてを新たに。
Kitare, shu no seirei, kitare, shu no ibuki subete wo aratani.

Music : Taizé

18 Dominus Spiritus est 聖なる主の 霊 Sei naru shu no rei

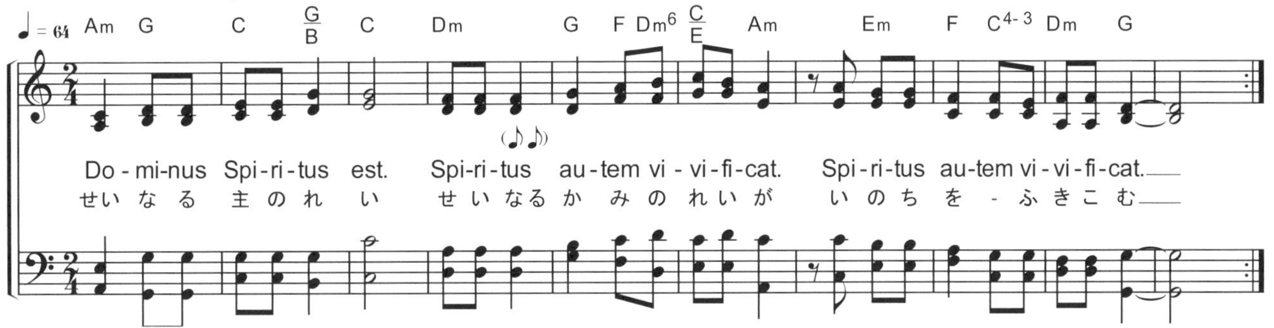
♩ = 64
Am G C G/B C Dm G F Dm6 C/E Am Em F C4-3 Dm G
Do - mi-nus Spi - ri - tus est. Spi - ri - tus au - tem vi - vi - fi - cat. Spi - ri - tus au - tem vi - vi - fi - cat.
せい なる 主のれい せいなるかみのれいが いのちを-ふきこむ

聖なる主の霊。聖なる神の霊が。命を吹き込む。
Sei naru shu no rei. Sei naru kami no rei ga. Inochi wo fuki komu.

Music : Taizé

19 Vieni Spirito creatore 神の霊 主の息吹 Kami no rei shu no ibuki

♩ = 84
Cm G Cm Fm G Cm G Cm Fm G
Vie - ni Spi - ri - to cre - a - to - re, vie - ni, vie - ni,
かみのれい 主のいぶき 来て ください
Cm G Cm Fm G Cm G Cm Fm G
vie - ni, Spi - ri - to cre - a - to - re, vie - ni, vie - ni!
あたらしい いのちの主 い-ま ここに

神の霊、主の息吹、来てください、新しい命の主、今、ここに！
Kami no rei, shu no ibuki, kite kudasai, atarashii inochi no shu, ima, koko ni!

Music : J.Berthier

20 Cantarei ao Senhor たたえよ 主を Tataeyo Shu wo

♩ = 90
Em D Em B7 Em D G C/E G/B Am Bm D G
Can-ta - rei ao Se-nhor, en-quan - to vi - ver; lou-va - rei o meu Deus en-quan - to‿e-xis - tir. Ne-le‿en -
た た え よ 主 を い つ ま で も い の ち の か ぎ り 主 に う た え わ た
C G/B Em D G7 C Am Em B7
con - tro‿a mi-nha‿a-le - gri - a. Ne-le‿en-con - tro‿a mi-nha‿a-le - gri - a. Can-ta -
し の よ ろ こ び は か み か ら あ ふ れ で る た た

たたえよ主を、いつまでも、命の限り、主に歌え。
わたしの喜びは、神から溢れ出る。
Tataeyo shu wo, itsu made mo, inochi no kagiri, shu ni utae.
Watashi no yorokobi wa, kami kara afure deru.

Music : Taizé

21 Bendigo al Señor 主は聞かれる 祈りの声を Shu wa kikareru inori no koe wo

♩= 70
G G Am/E C G/D B♭ Am/C Dm G Dm Am/C Am
Ben - di - go al Se - ñor por - que es - cu - cha mi voz, el Se -
主 は 聞 か れ る い の り の こ え を こ こ
G B♭ C Am/C Dm B♭ C G
ñor es mi fuer - za, con - fí - a mi co - ra - zón. Ben -
ろ 主 に 向 け う た え わ が 主 に 主

主は聞かれる、祈りの声を、心、主に向け、歌えわが主に。
Shu wa kikareru, inori no koe wo, kokoro, shu ni muke, utae waga shu ni.

Music : Taizé

22 Exaudi orationem meam 神よ 聞いてください Kami yo kiite kudasai

Dm A7/C♯ Dm Gm/B♭ A4 - 3 A Dm A7 Dm Dm/C Gm/B♭ A
Ex - au - di o - ra - ti - o - nem me - am, et cla - mor me - us ad te ve - ni - at. Tu,
か み よ き い て く だ さ い わ た し の い の り こ の さ け び か
Dm B♭/D C Gm Dm/A B♭ C F B♭ F Gm/D Dm
De - us, in æ - ter - num per - ma - nes, in ae - ter - num per - ma - nes. Ex -
み よ あ な た は と わ に と も に お ら れ る か

神よ、聞いてください、わたしの祈り、この叫び。
神よ、あなたは永遠にともにおられる。
Kami yo, kiite kudasai, watashi no inori, kono sakebi.
Kami yo, anata wa towa ni tomo ni orareru.

Music : Taizé

23 Behüte mich, Gott 主のみ手に 守られて Shu no mite ni mamorarete

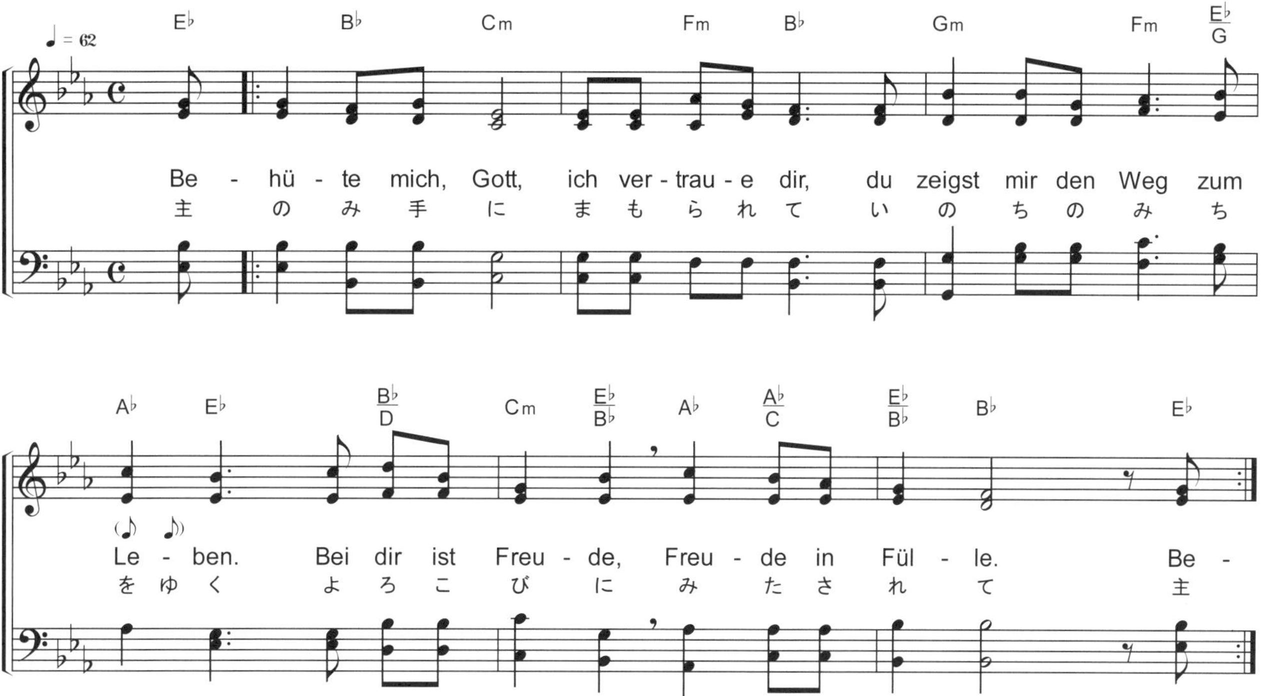
♩ = 62
E♭ B♭ Cm Fm B♭ Gm Fm E♭/G
Be - hü - te mich, Gott, ich ver - trau - e dir, du zeigst mir den Weg zum
主 の み 手 に ま も ら れ て い の ち の み ち
A♭ E♭ B♭/D Cm E♭/B♭ A♭ A♭/C E♭/B♭ B♭ E♭
Le - ben. Bei dir ist Freu - de, Freu - de in Fül - le. Be -
を ゆ く よ ろ こ び に み た さ れ て 主

主のみ手に、守られて、命の道を行く。
喜びに満たされて。
Shu no mite ni, mamorarete, inochi no michi wo yuku.
Yorokobi ni mitasarete.

Music : Taizé

24 Fiez-vous en Lui 主に頼り 恐れない Shu ni tayori osorenai

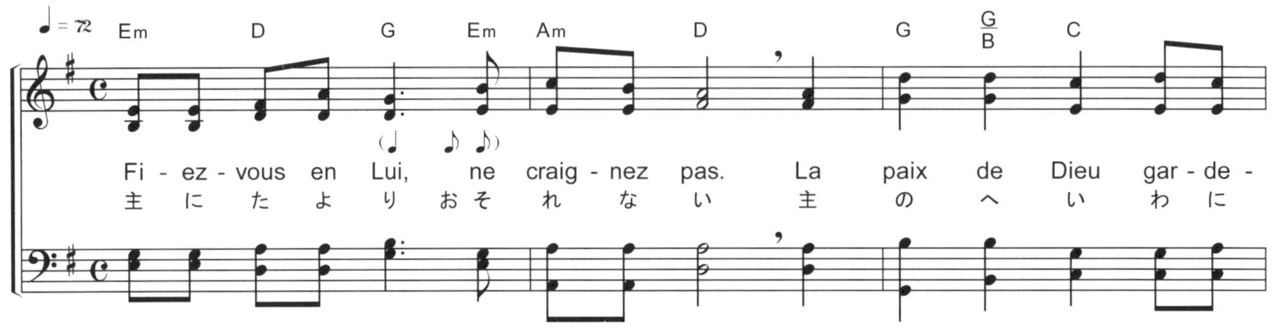
♩ = 72
Em D G Em Am D G G/B C
(♩ ♪ ♪)
Fi - ez - vous en Lui, ne craig - nez pas. La paix de Dieu gar - de -
主 に た よ り お そ れ な い 主 の へ い わ に

Bm/D Em Em/D Em/C Em/B Am D G Am Em Am/C D
ra vos cœurs. Fi - ez - vous en Lui. Al - le - lu - ia, al - le - lu - ia!
こ こ ろ ま も ら れ て ア レ ル - ヤ ア レ ル - ヤ！

主に頼り、恐れない。主の平和に、心、守られて。
アレルヤ！
Shu ni tayori, osore nai. Shu no heiwa ni, kokoro, mamorarete.
Alleluia!

Music : Taizé

25 Seigner, tu gardes mon âme　主よ 守りたまえ　Shu yo mamori tamae

Sei - gneur, tu gar-des mon â - me; Ô Dieu, tu con-nais mon cœur. Con-duis -
主 よ ま も り た ま え わ た し の こ こ ろ み ち
moi sur le che-min d'é-ter-ni - té, con-duis - moi sur le che-min d'é-ter-ni - té. Sei -
び き た ま え わ が 主 よ と わ の - い の ち の み ち へ 主

主よ、守りたまえ、わたしの心
導きたまえ、わが主よ、永遠の命の道へ。
Shu yo, mamori tamae, watashi no kokoro
michibiki tamae, waga shu yo, towa no inochi no michi e.

Music : Taizé

26 Herre, visa mig vägen 主に向かう道 Shu ni mukau michi

♩ = 72
Her - re, vi - sa mig vä - gen, och gör mig vil - lig att van - dra den.
主 に 向 か う み ち あ ゆ ま せ て く だ さ い
Her - re, vi - sa mig vä - gen. Ge mitt hjär - ta ro.
へ い わ の こ こ ろ た ず さ え て

主に向かう道、歩ませて下さい。
平和の心、携えて。
Shu ni mukau michi, ayumasete kudasai.
Heiwa no kokoro, tazusaete.

Music : Taizé

27 Bóg jest miłością 神は愛 Kami wa ai

♩ = 78
A/C♯ D A C♯m F♯m Bm/D Bm E
Bóg jest mi - łoś - cią miej - cie od - wa - gę żyć dla mi - łoś - ci.
か み は あ い そ の あ い を 生 き て ゆ く
God is for - give - ness. Dare to for - give and God will be with you.
A Bm/D Bm A/C♯ E F♯m Bm/D E A
Bóg jest mi - łoś - cią. Nie lę - kaj - cie się.
か み は あ - い お そ れ - ず に
God is for - give - ness. Love and do not fear.

神は愛、その愛を生きてゆく。
神は愛、恐れずに。
Kami wa ai, sono ai wo ikite yuku.
Kami wa ai, osorezu ni.

Music : Taizé

28 Što oko ne vidje 闇のなかで声がする Yami no naka de koe ga suru

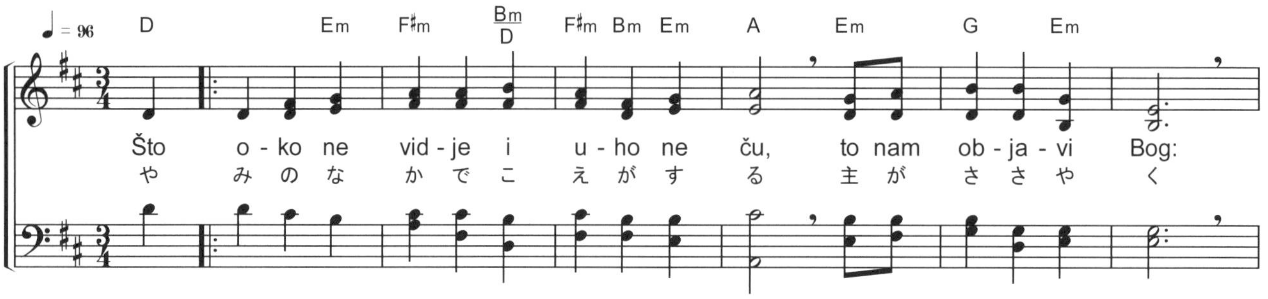
♩ = 96
D Em F♯m Bm/D F♯m Bm Em A Em G Em
Što o - ko ne vid - je i u - ho ne ču, to nam ob - ja - vi Bog:
や み の な か で こ え が す る 主 が さ さ や く

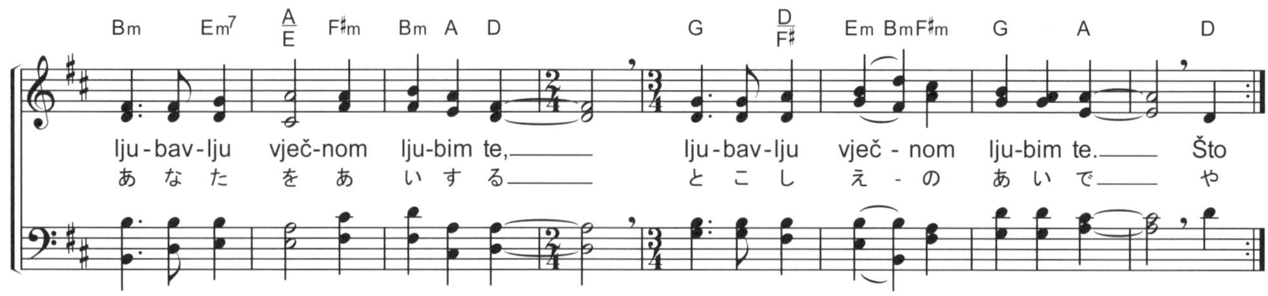
Bm Em7 A/E F♯m Bm A D G D/F♯ Em Bm F♯m G A D
lju - bav - lju vječ - nom lju - bim te, lju - bav - lju vječ - nom lju - bim te. Što
あ な た を あ い す る と こ し え - の あ い で や

闇の中で声がする、主がささやく、
あなたを愛する、とこしえの愛で。
Yami no naka de koe ga suru, shu ga sasayaku,
anata wo aisuru, tokoshie no ai de.

Music : Taizé

29 The kingdom of God 神の国は Kami no kuni wa

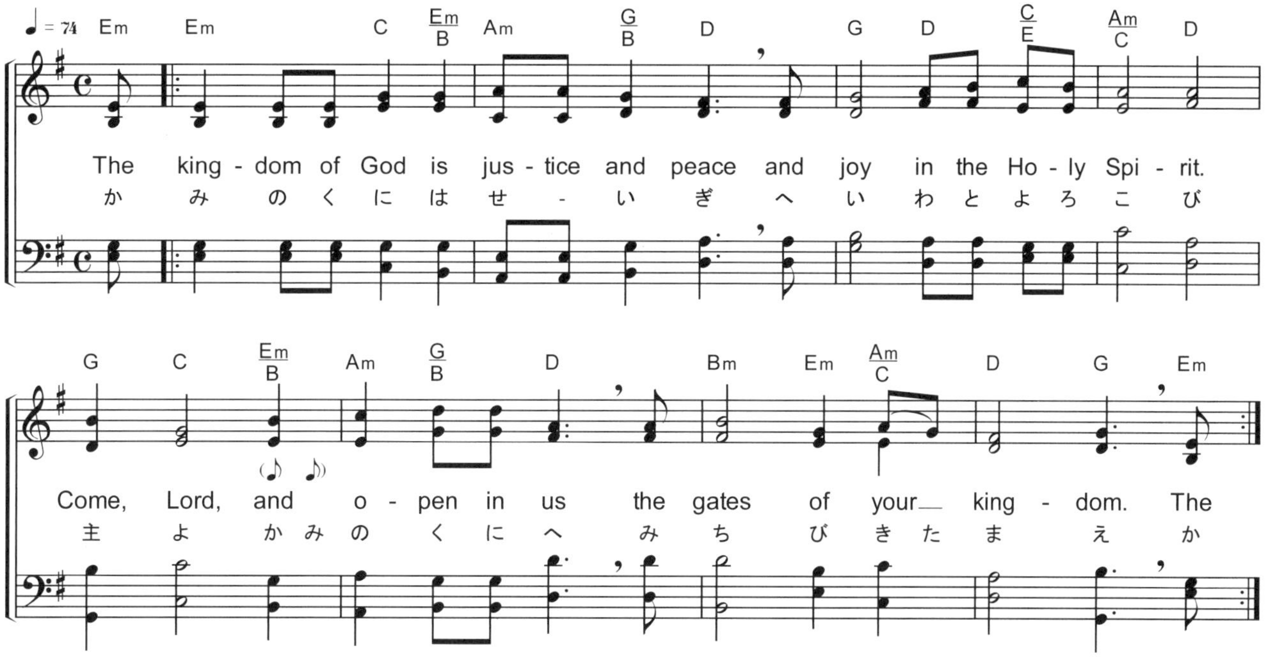
♩ = 74
Em Em C Em/B Am G/B D G D C/E Am/C D
The king - dom of God is jus - tice and peace and joy in the Ho - ly Spi - rit.
か み の く に は せ - い ぎ へ い わ と よ ろ こ び
G C Em/B Am G/B D Bm Em Am/C D G Em
Come, Lord, and o - pen in us the gates of your king - dom. The
主 よ か み の く に へ み ち び き た ま え か

神の国は正義、平和と喜び、
主よ、神の国へ、導きたまえ。
Kami no kuni wa seigi, heiwa to yorokobi,
shu yo, kami no kuni e, michibiki tamae.

Music : Taizé

30 Señor, que florezca tu justicia 主よ あなたの正義が Shu yo anata no seigi ga

♩ = 76
B Em/G D/F♯ C/E D G/B Em D Em D/F♯ G C/E C D B
Se - ñor, que flo - rez - ca tu jus - ti - cia, y tu paz em-pa - pe la tier - ra. O
主 よ あ な た の せ い ぎ が だ い 地 に 降 り そ そ ぎ 主
Em G/B C G/D G/B C C/E Em G/B Em Bm/D Am/C Am7 B
Dios, que flo - rez - ca tu jus - ti - cia, y se lle - ne nues - tra vi - da de ti. Se -
よ せ い ぎ と へ い わ が い の ち を 満 た す よ う に 主

主よ、あなたの正義が、大地に降り注ぐ。
主よ、正義と平和が、いのちを満たすように。
Shu yo, anata no seigi ga, daichi ni furi sosogu.
Shu yo, seigi to heiwa ga, inochi wo mitasu youni.

Music : Taizé

31 Ô toi, l'au-delà de tout すべてを越えた Subete wo koeta

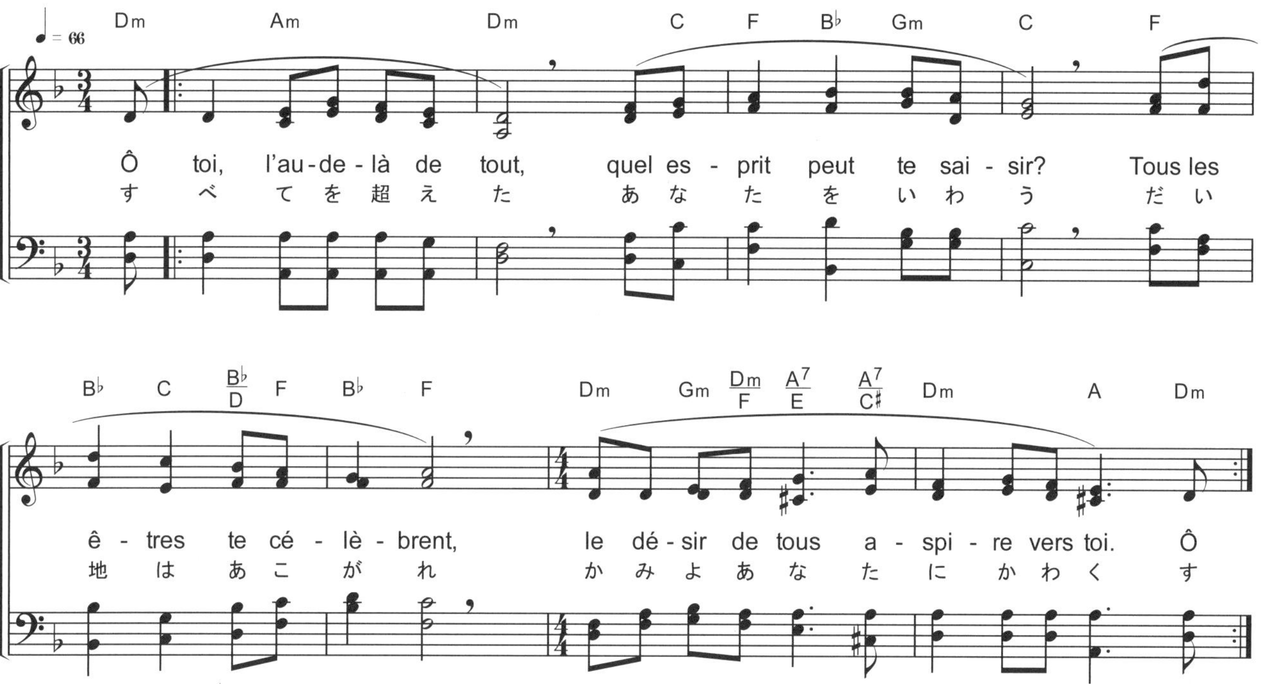

♩ = 66
Dm Am Dm C F B♭ Gm C F
Ô toi, l'au-de-là de tout, quel es-prit peut te sai-sir? Tous les
すべてを超えた あなたをいわう だい
B♭ C B♭/D F B♭ F Dm Gm Dm/F A7/E A7/C♯ Dm A Dm
ê-tres te cé-lè-brent, le dé-sir de tous a-spi-re vers toi. Ô
地はあこがれ かみよあなたにかわく す

すべてを越えた、あなたを祝う。
大地はあこがれ、神よあなたに渇く。
Subete wo koeta, anata wo iwau.
Daichi wa akogare, kami yo anata ni kawaku.

Music : Taizé

32 Voici Dieu qui vient à mon secours 主のみ手は働く Shu no mite wa hataraku

♩ = 84
E A B E B F♯m E F♯m/A B G♯m/B
Voi-ci Dieu qui vient à mon se-cours, le Seig-neur a-vec ceux qui me sou-tien-nent. Je te
主 の み 手 は は た ら く ひ と び と の 手 を と お し て う た
E/G♯ E A E4-3 A E B/D♯ E A E B
chan-te, toi qui me re-lè-ves. Je te chan-te, toi qui me re-lè-ves. Voi-ci
え よ わ が た ま し い う た え よ す く い の 主 に 主 の

主のみ手は働く、人々の手を通して。
歌えよ、わが魂。歌えよ、救いの主に。
Shu no mite wa hataraku, hito bito no te wo toshite.
Utae yo, waga tamashii. Utae yo, sukui no shu ni.

Music : Taizé

33 Ostende nobis（canon & choral） あわれみを主よ Awaremi wo shu yo

(cannon)
♩ = 80
A/C♯ Dm B♭6 A A/C♯ Dm B♭6 A A/C♯
1 2 3 4
Os - ten - de no - bis Do - mi - ne, mi - se - ri - cor - di - am tu - am. A -
あ わ れ み を 主 - よ い つ く し み を 主 よ アー
Dm B♭6 A A/C♯ Dm B♭6 A A/C♯
Fine
men! A - men! Ma - ra - na - tha! Ma - ra - na - tha! Os - ten - de
メン アー メン！ マ ラ ナ タ！ マ ラ ナ タ！ あ わ れ
(choral)
Os - ten - de no - bis no - bis Do - mi - ne, mi - se - ri -
あ わ - れ み を 主 よ 主 - よ い つ く
(mi - se - ri - cor - di - am)
（い つ く し み を）
Fine
cor - di - am tu - am, tu - am. tu - am. Os -
し み を 主 よ 主 よ 主 よ あ

あわれみを主よ、いつくしみを主よ。アーメン！マラナタ！
Awaremi wo shu yo, itsukushimi wo shu yo. Amen! Maranata!

Music : J.Berthier

34 Nunc dimittis 今こそみ言葉のとおり Ima kosomikotoba no tori

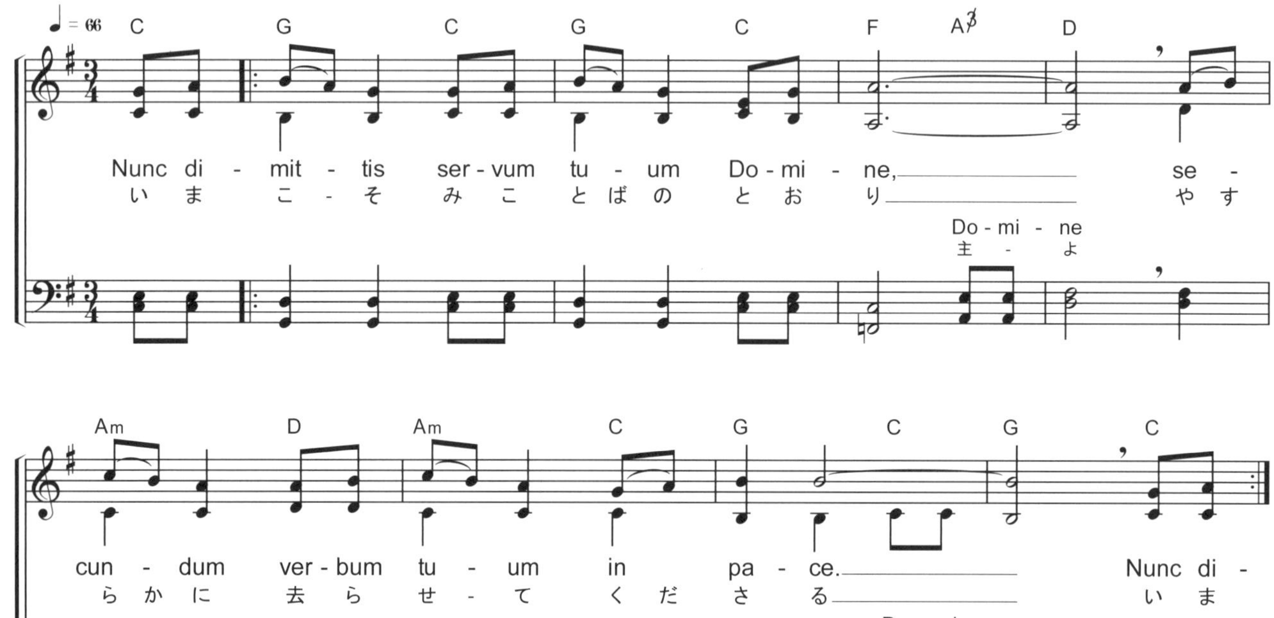
♩ = 66
C G C G C F A♭ D
Nunc di - mit - tis ser - vum tu - um Do - mi - ne, se -
い ま こ - そ み こ と ば の と お り や す
Do - mi - ne
主 - よ
Am D Am C G C G C
cun - dum ver - bum tu - um in pa - ce. Nunc di -
ら か に 去 ら せ - て く だ さ る い ま
Do - mi - ne
主 - よ

今こそみ言葉の通り、安らかに去らせて下さる。
Ima koso mikotoba no tori, yasuraka ni sarasete kudasaru.

Music : J.Berthier

35 In resurrectione tua 天と地は 喜び歌え Ten to chi wa yorokobi utae

♩ = 86
D G D/F♯ Em A/E D D G A
In re-sur-rec-ti-o-ne tu-a, Chri-ste, cae-li et ter-ra lae-ten-tur. In
て ん と 地 は よ ろ こ び う た え 主 の よ み が え り を キ

D A Bm Bm/D Em6 F♯m Bm Em G Em D
re-sur-rec-ti-o-ne tu-a, Chri-ste, cae-li et ter-ra lae-ten-tur. In
リ ス ト の ふっ か つ た た え よ あ た ら し い - い の ち て

天と地は喜び、歌え、主のよみがえりを。
キリストの復活たたえよ、新しい命。
Ten to chi wa yorokobi, utae, shu no yomigaeri wo.
Kirisuto no fukkatsu tataeyo, atarashii inochi.

Music : Taizé

36 I am sure I shall see わたしは信じ 仰ぎ見る Watashi wa shinji aogi miru

♩ = 84
E A/C♯ A D Bm D6 E Bm/D A/C♯ A E
I am sure I shall see the good-ness of the Lord in the land of the liv - ing.
わ た し は し ん じ あ お ぎ 見 る 主 の い つ く し み
Bm Bm/D F♯m F♯m7/E Bm/D D/F♯ C♯m C♯m/B F♯m/A D6 Bm E
Yes, I shall see the good-ness of our God, hold firm, trust in the Lord. I am
さあ、お お し く ま ち の ぞ め か み の く に を わ た

わたしは信じ仰ぎ見る、主のいつくしみ。
さあ、雄々しく待ち望め、神の国を。
Watashi wa shinji aogi miru, shu no itsukushimi.
Sā, ooshiku machinozome, shu no kuni wo.

Music : Taizé

37 Jubilate caeli（canon） 喜び歌え 全地よ歌え Yorokobi utae zenchi yo utae

𝅗𝅥 = 66
D A D A D A
Ju - bi - la - te cae - li, ju - bi - la - te mun - di, Chris - tus Je - sus
よ ろ - こ び う た え ぜ ん 地 よ うた え キリス ト ふ っ かつ
(re.) Ju - bi - la - te cae - li, ju - bi - la - te mun - di, Je - sus
よ ろ こ び う た え ぜ ん 地 よ うた え ふ っ かつ
D A D A D
Solo: A - men! A - men! A - - - men!
アー メン！ アー メン！ アー メン！
sur - re - xit ve - re.
死 を 超 え て
Finale
Ju - bi - la - te cae - li. A - - men!
よ ろ - こ び う た え アー メン！
Chris - tus sur - re - xit ve - re. A - men! A - - men!
キリス ト 死 を 超 え て アー メン！ アー メン！

喜び歌え、全地よ歌え、キリスト復活、死を越えて。
喜び歌え。アーメン！
Yorokobi utae, zenchi yo utae, Kirisuto fukkatsu, shi wo koete.
Yorokobi utae. Amen!

Music : J.Berthier

38 Jubelt und freut euch 喜び主に歌え Yorokobi shu ni utae

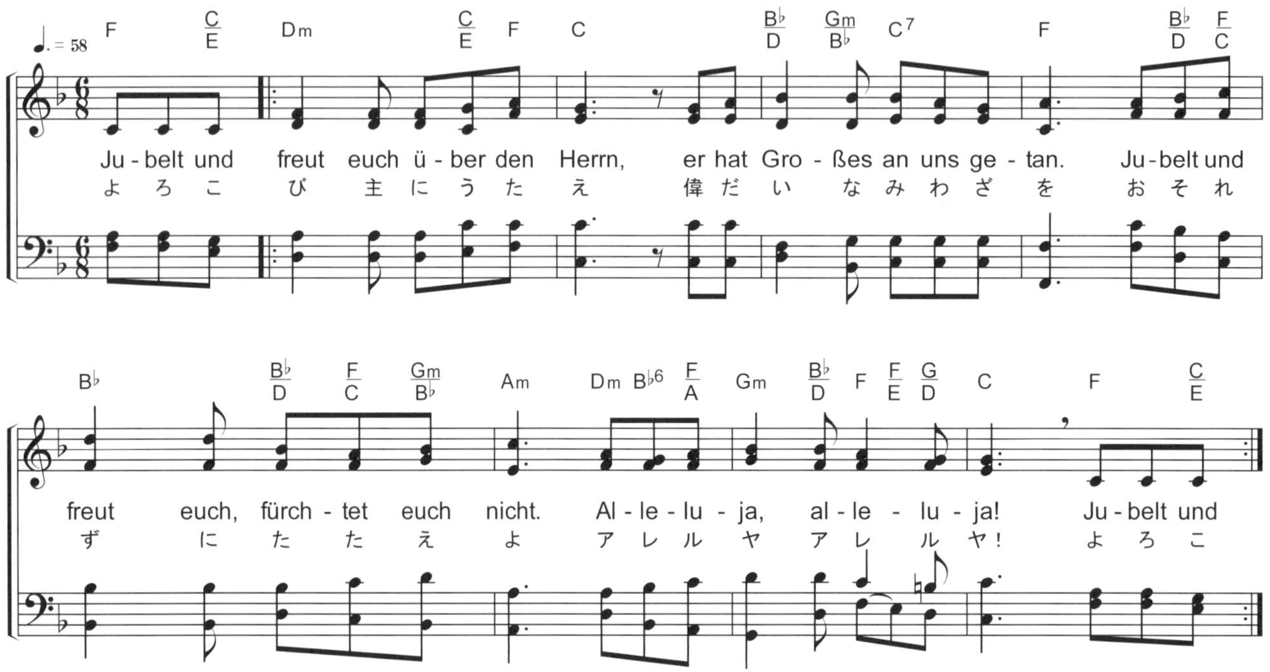
Ju - belt und freut euch ü - ber den Herrn, er hat Gro - ßes an uns ge - tan. Ju - belt und
よ ろ こ び 主 に う た え 偉 だ い な み わ ざ を お そ れ
freut euch, fürch - tet euch nicht. Al - le - lu - ja, al - le - lu - ja! Ju - belt und
ず に た た え よ ア レ ル ヤ ア レ ル ヤ！ よ ろ こ

喜び主に歌え、偉大なみ業を。
恐れずに、たたえよ。アレルヤ！
Yorokobi shu ni utae, idaina miwaza wo.
Osorezu ni, tatae yo. Alleluia!

Music : Taizé

39 Jesu Christe, Fili Dei イエス・キリスト 神の子 Iesu Kirisuto kami no ko

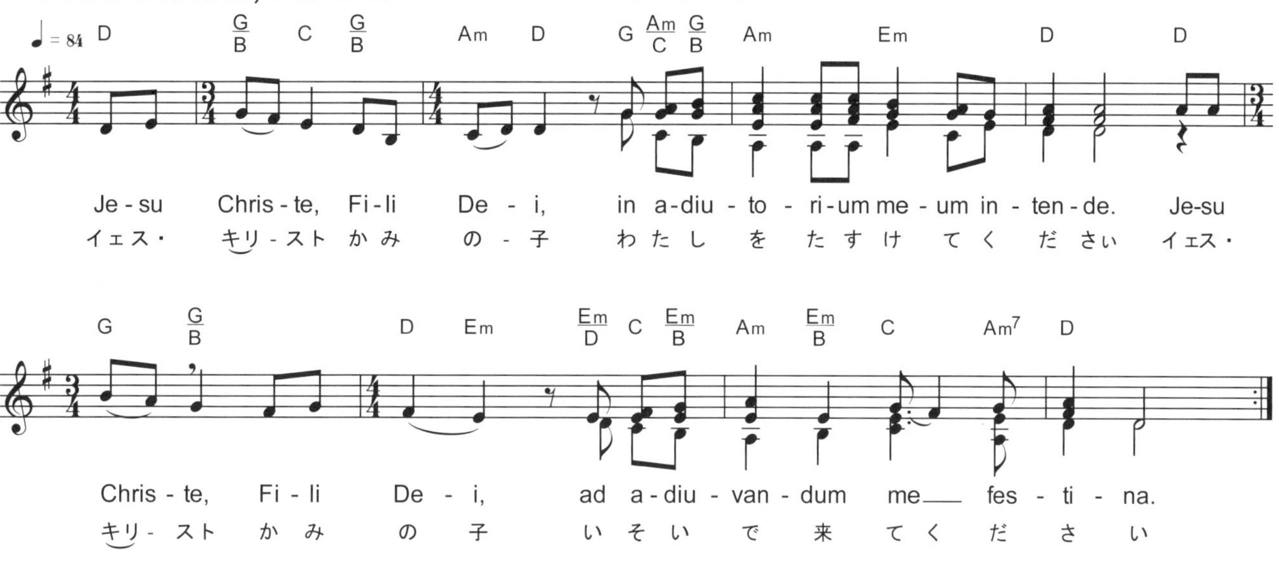
♩ = 84
D G/B C G/B Am D G Am/C G/B Am Em D D
Je - su Chris - te, Fi - li De - i, in a - diu - to - ri - um me - um in - ten - de. Je - su
イェス・ キリ - スト かみ の - 子 わたし を たすけ てく ださい イェス・
G G/B D Em Em/D C Em/B Am Em/B C Am7 D
Chris - te, Fi - li De - i, ad a - diu - van - dum me fes - ti - na.
キリ - スト かみ の 子 いそい で 来 てく だ さ い

イエス・キリスト、神の子、わたしを助けてください。
急いで来てください。
Iesu Kirisuto, kami no ko, watashi wo tasukete kudasai.
Isoide kite kudasai.

Music : Taizé

40 Sit nomen Domini ほめたたえよ 主のみ名を Home tatae yo shu no mina wo

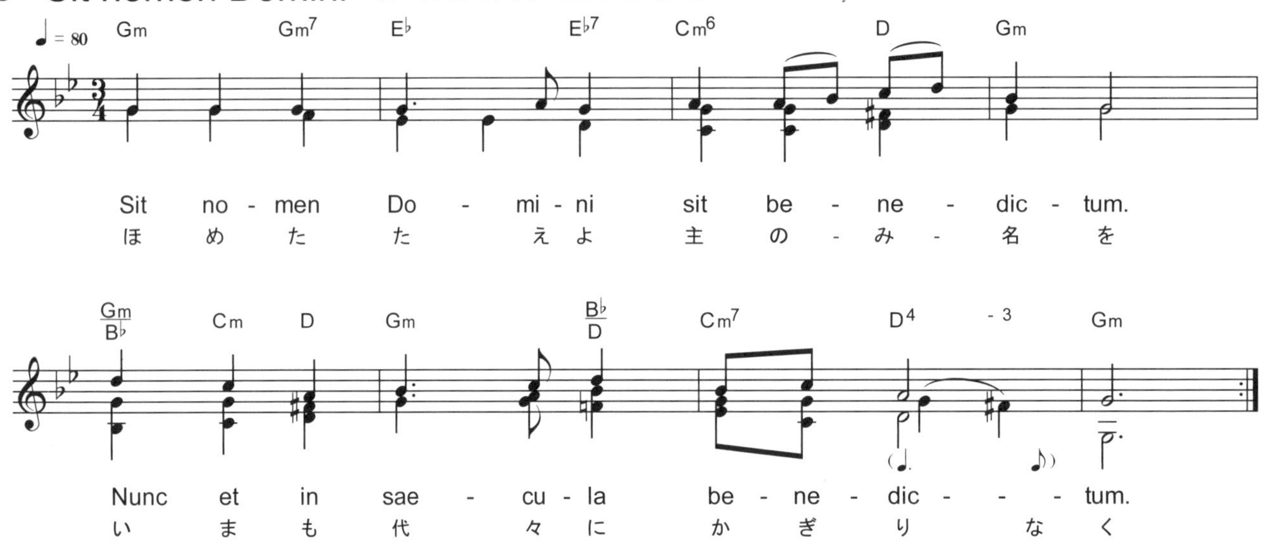
♩= 80
Gm Gm7 E♭ E♭7 Cm6 D Gm
Sit no - men Do - mi - ni sit be - ne - dic - tum.
ほ め た た え よ 主 の - み - 名 を
Gm/B♭ Cm D Gm B♭/D Cm7 D4 - 3 Gm
Nunc et in sae - cu - la be - ne - dic - - - tum.
い ま も 代 々 に か ぎ り な く

ほめたたえよ、主のみ名を。
今も代々に、限りなく。
Home tataeyo, shu no mi na wo.
Ima mo yoyo ni, kagiri naku.

Music : G F Händel, arrangement Taizé

41 L'ajuda em vindrà わたしの助けは 今 神から来る Watashi no tasuke wa ima kami kara kuru

♩ = 82
Cm
B♭/D
Fm
Cm/G
G
1
2
L'a - ju - da‿em vin - drà del Se - nyor, del Se - nyor, el nos - tre Déu, que‿ha
わ た し の た す け は い ま か み か ら 来 る て

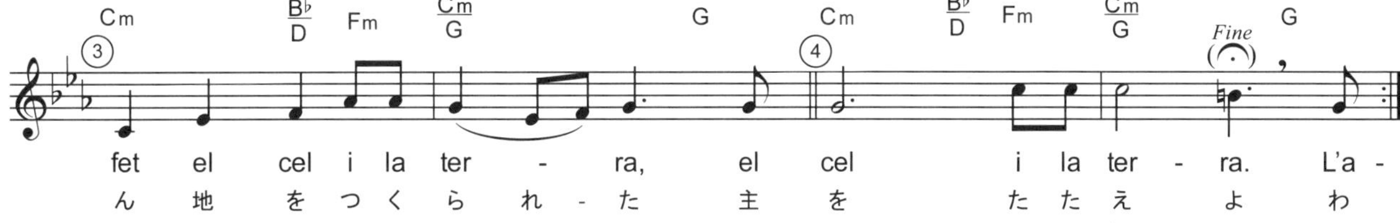
Cm
B♭/D
Fm
Cm/G
G
3
4
Fine
fet el cel i la ter - ra, el cel i la ter - ra. L'a -
ん 地 を つ く ら れ - た 主 を た た え よ わ

わたしの助けは、今、神から来る。
天地を造られた、主をたたえよ。
Watashi no tasuke wa, ima, kami kara kuru.
Ten chi wo tsukurareta, shu wo tatae yo.

Music : Taizé

42 Mane nobiscum お泊まりください Otomari kudasai

C F/C Dm/C Dm/C Am/C Gm/C Dm/C C
Ma - ne no - bis - cum, Do - mi - ne Je - su Chris - te.
マ ネ ノ ビ - スクム ド ミ ネ イエ ズ クリス テ
お と ま り く だ さい わ が 主 イエ ス キリス ト

お泊まり下さい、わが主イエス・キリスト。
Otomari kudasai, waga shu Iesu Kirisuto.

Music : J.Berthier

43 Beati voi poveri さいわい さいわい Saiwai saiwai

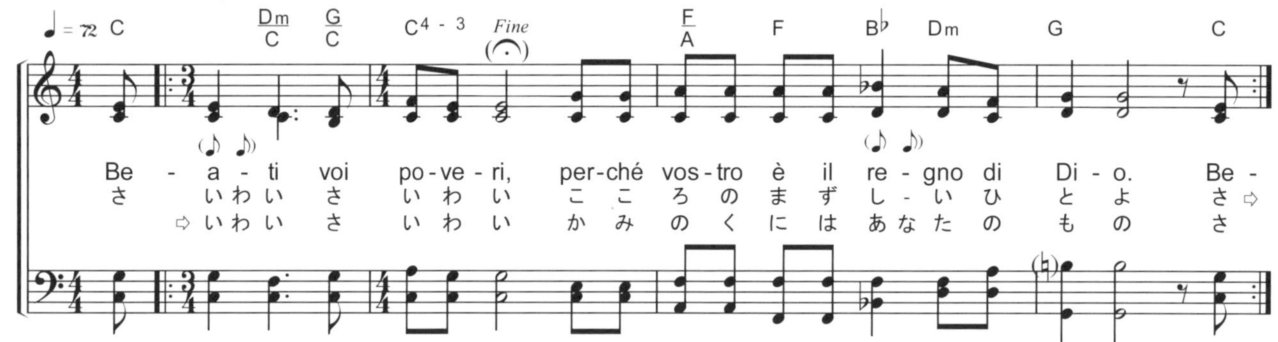

C Dm/C G/C C4 - 3 Fine F/A F B♭ Dm G C
Be - a - ti voi po-ve-ri, per-ché vos-tro è il re-gno di Di - o. Be -
さ いわい さ い わ い こ こ ろ の ま ず し - い ひ と よ さ ⇨
⇨ いわい さ い わ い か み の く に は あなた の も の さ

幸い幸い、心の貧しい人よ。神の国はあなたのもの。
Saiwai saiwai, kokoro no mazushii hito yo. Kami no kuni wa anata no mono.

Music : Taizé

44 Dona la pace 与えたまえ主よ ここに平和を Atae tamae shu yo koko ni heiwa wo

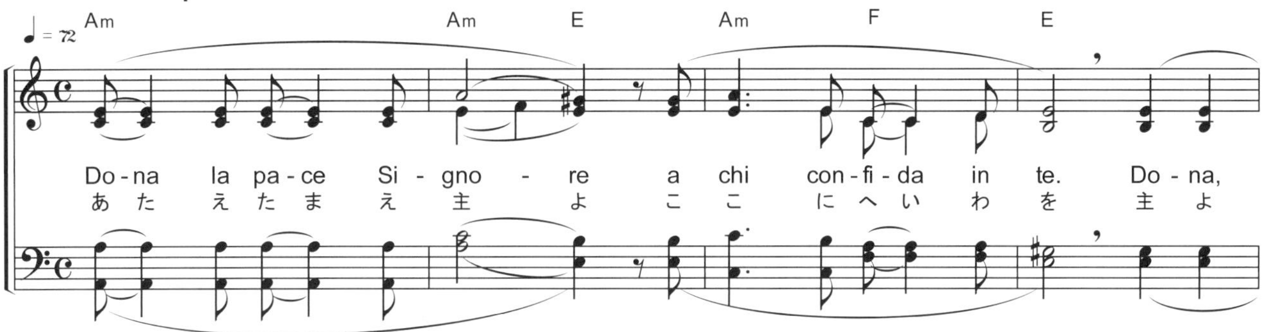
♩ = 72
Am Am E Am F E
Do - na la pa - ce Si - gno - re a chi con - fi - da in te. Do - na,
あ た え た ま え 主 よ こ こ に へ い わ を 主 よ

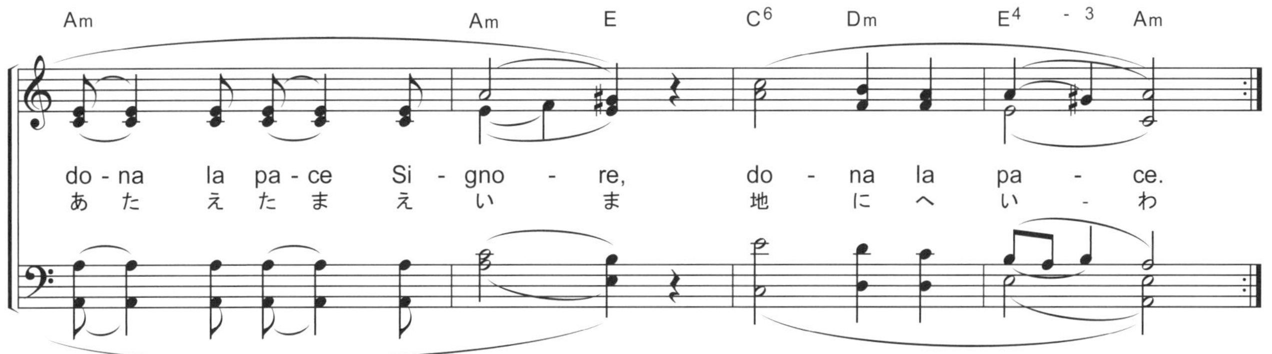
Am Am E C6 Dm E4 - 3 Am
do - na la pa - ce Si - gno - re, do - na la pa - ce.
あ た え た ま え い ま 地 に へ い - わ

与えたまえ主よ、ここに平和を。
主よ、与えたまえ今、地に平和。
Atae tamae shu yo, koko ni heiwa wo.
Shu yo, atae Tamae ima, chi ni heiwa.

Music : J.Berthier

45 Heureux qui s'abandonne à toi 神にゆだねる人は Kami ni yudaneru hito wa

♩ = 72
G C G/D C/E Dm C/E F Dm G/B C
Heu - reux qui s'a - ban - donne à toi, ô Dieu, dans la con - fian - ce du cœur.
か み に ゆ だ ね る ひ と は な ん と さ い わ い
Am Dm E Am/C Dm E Am/C F G
Tu nous gar - des dans la joie, la sim-pli - ci - té, la mi-sé - ri - cor - de. Heu -
よ ろ こ び、そ ぼ く、い つ く し み、そ の こ こ ろ で か

神にゆだねる人は、なんと幸い。
喜び、素朴、慈しみ、その心で。
Kami ni yudaneru hito wa, nanto saiwai.
Yorokobi, soboku, itsukushimi, sono kokoro de.

Music : Taizé

46 Laudemus Deum 神をたたえよう Kami wo tataeyou

Bm G/B C
Lau-de-mus De - - - um qui nos cre - a - vit, re - de - mit, et su - a
かみをたたえよう そうぞうし あがない みなを
♩ = 80
Lau-de-mus De - - - um qui nos cre-a-vit, re - de - mit,
かみをたたえよう そうぞうし あがない
D Em A4 -3 D G Bm/F♯ C/E Em C D4 -3 G
so - la mi-se-ri-cor-di - a sal - va - bit, et su - a so - la mi-se-ri-cor-di - a sal - va - bit.
いますくいだされるかみ すべてただいつくしみのゆえ - に
so - la mi-se-ri-cor-di - a sal - va - bit, so - la mi-se-ri-cor-di - a sal - va - bit.
いますくいだされるか - み ただいつくしみのゆえ - に

神をたたえよう、創造し、贖い、
皆を今救いだされる神、すべてただ慈しみのゆえに。
Kami wo tataeyou, souzou shi, aganai,
mina wo ima sukui dasareru kami, subete tada itsukushimi no yue ni.

Music : Taizé

47 Staňte se solí země 地の塩に Chi no shio ni

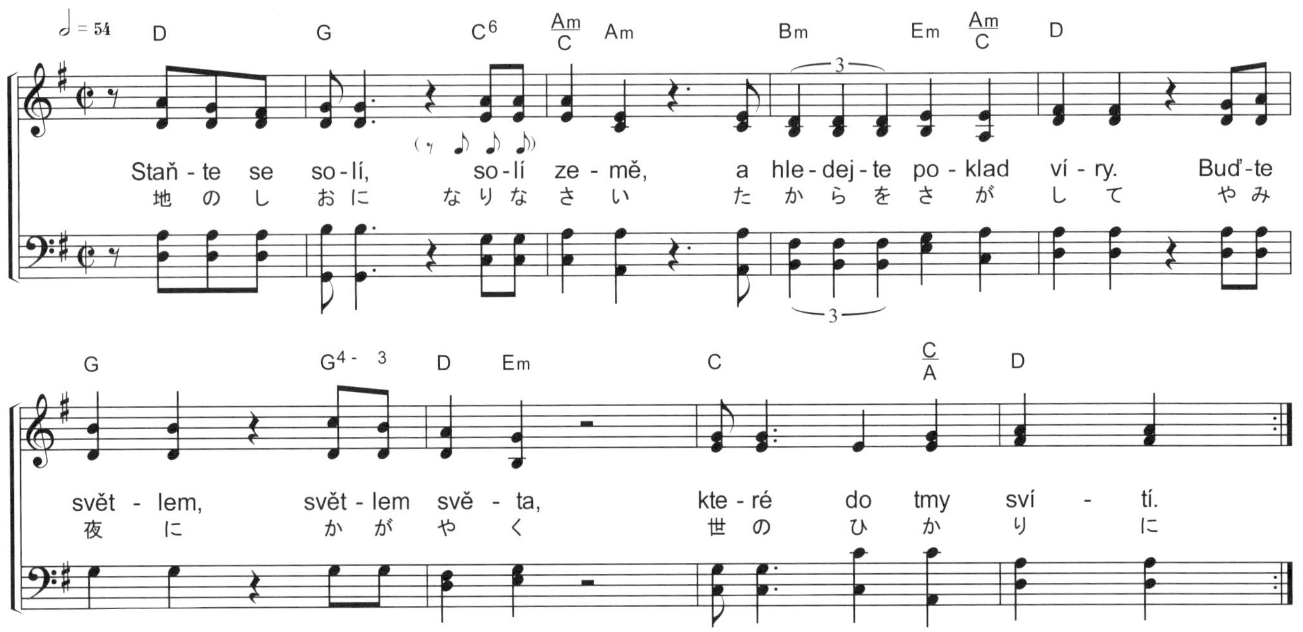

𝅗𝅥 = 54
D G C6 Am/C Am Bm Em Am/C D
Staň - te se so - lí, so - lí ze - mě, a hle - dej - te po - klad ví - ry. Buď - te
地 の し お に な り な さ い た か ら を さ が し て や み
G G4 - 3 D Em C C/A D
svět - lem, svět - lem svě - ta, kte - ré do tmy sví - tí.
夜 に か が や く 世 の ひ か り に

地の塩に、なりなさい。宝を探して。
闇夜に輝く、世の光に。
Chi no shio ni, nari nasai. Takara wo sagashite.
Yamiyo ni kagayaku, yo no hikari ni.

Music : Taizé

48 Tu palabra, Señor み言葉は死なない Mikotoba wa shinanai

♩= 92
F E Am Dm7 G Am Dm/F Am/E Dm C F C/E Dm E F E
Tu pa - la - bra, Se - ñor, no mue - re, nun - ca mue - re, por - que es la vi - da mis - ma, y la
み こ と ば は 死 な な い 尽 き る こ と の な い い の ち 主 よ
Am F Dm G Am/C Am7 Dm F E F E
vi - da, Se - ñor, no so - lo vi - ve, no so - lo vi - ve, la vi - da vi - vi - fi - ca. Tu pa -
わ た し は い ま 生 き る い の ち は い の ち を あ た え る み こ

み言葉は死なない、尽きることのない命。
主よ、わたしは、今生きる、命は命を与える。
Mikotoba wa shinanai, tsukiru koto no nai inochi.
Shu yo, watashi wa, ima ikiru, inochi wa inochi wo ataeru.

Music : Taizé

49 Gib mich ganz zu eigen dir あなたへと 近づくため Anata e to chikazuku tame

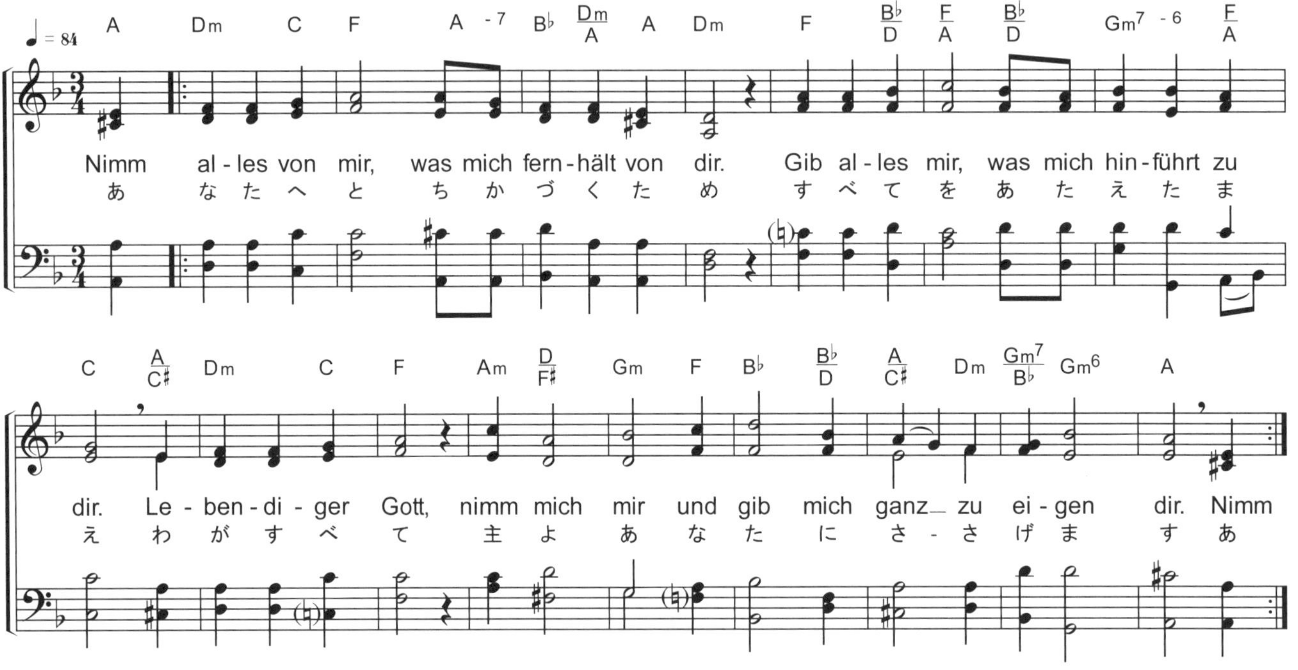

♩ = 84
A Dm C F A -7 B♭ Dm/A A Dm F B♭/D F/A B♭/D Gm7 -6 F/A
Nimm al - les von mir, was mich fern - hält von dir. Gib al - les mir, was mich hin - führt zu
あ な た へ と ち か づ く た め す べ て を あ た え た ま
C A/C♯ Dm C F Am D/F♯ Gm F B♭ B♭/D A/C♯ Dm Gm7/B♭ Gm6 A
dir. Le - ben - di - ger Gott, nimm mich mir und gib mich ganz zu ei - gen dir. Nimm
え わ が す べ て 主 よ あ な た に さ - さ げ ま す あ

あなたへと、近づくため。すべてを与えたまえ。
わがすべて、主よあなたに捧げます。
Anata e to, chikadzuku tame. Subete wo atae tamae.
Waga subete, shu yo anata ni sasage masu.

Music : Taizé

50 Frieden, Frieden 平和 平和を Heiwa heiwa wo

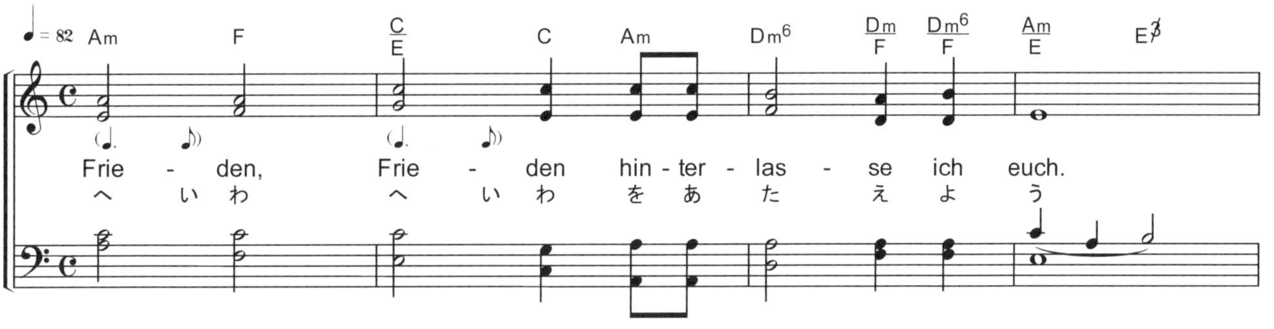
♩ = 82
Am F C/E C Am Dm6 Dm/F Dm6/F Am/E E7
Frie - den, Frie - den hin - ter - las - se ich euch.
へ い わ へ い わ を あ た え よ う

Am Em/G F C/E G/D Dm Am/C Am Dm6 Dm/F E4 - 3 Am
Mei - nen Frie - den ge - be ich euch. Eu - er Herz ver - za - ge nicht.
こ こ ろ を さ わ が せ る な お び え る な

平和、平和を与えよう。
心を騒がせるな。おびえるな。
Heiwa, heiwa wo ataeyou.
Kokoro wo sawagaseru na. Obieru na.

Music : Taizé

51 Alleluia 16 アレルヤ 16

Al - le - lu - - - - ia, al - le - lu - - - ia!
ア - レ - ル - - - ヤ ア - レ - ル - - - - ヤ！

Music：S.Toolan

52 Alleluia 17 アレルヤ 17

Al-le-lu - ia, al-le - lu-ia, al - le - lu - ia, al-le - lu - ia!
ア レ ル - ヤ ア レ ル ヤ ア レ ル ヤ ア レ ル - ヤ！

Music：Taizé

53 Alleluia 20 アレルヤ 20

(Al-le-lu - ia!)
（アレ ル - ヤ！）
(Al-le-lu - ia!) Al-le-lu - ia, al-le-lu - ia, al-le-lu - ia!
（アレ ル - ヤ！） アレ ル - ヤ アレ ル - - ヤ アレ ル -ヤ！

Music：Taizé

54 Alleluia 22 アレルヤ 22

(Al-le-lu - ia!)
（アレ ル - - ヤ！）
Al-le-lu - ia, al-le-lu-ia, al-le-lu - ia!
アレ ル - ヤ アレ ル ヤ ア - レ ル - ヤ！

Music : Taizé

55 Kyrie 6 キリエ 6 （ギリシャ語：主よ、あわれみたまえ。）

Ky - ri - e e - le - i - son, Ky - ri - e e - le - i - son.
キ リ エ エ レ イ ソン キ リ エ エ レ イ ソン

Music : J.Berthier

56 Kyrie 9 キリエ 9

Ky - ri - e, Ky - ri - e, Ky - ri - e e - le - i - son.
キ リ エ キ リ エ キ リ エ エ レ - イ ソン

Music : J.Berthier

57 Kyrie 18　キリエ 18

Ky - ri - e e - le - i - son, Ky - ri - e e - le - i - son.
キ - リ - エ エ レ イ ソン キ - リ - エ エ レ - イ ソン

Music : Taizé

58 Kyrie 19　キリエ 19

Ky - ri - e e - le - i - son.
(キ リエ、エ レ イ ソン)
Ky - ri - e e - le - i - son, Chri - ste e - le - i - son.
キ リエ、エ レ イ ソン クリス テ、エ レ - イ ソン

Music : Taizé

59 Kyrie 20 キリエ 20

Ky - ri - e e - le - i - son, Chri - ste e - le - i - son.
キ リ エ エ レ イ ソン クリ ステ エ レ イ ソン

Music : Taizé

60 Kyrie 21 キリエ 21

Ky - ri - e e - le - i - son Chri - ste e - le - i - son
キ リ エ エ レ - イ ソン クリ - ステ エ レ イ ソン

Music : Taizé

61 Gospodi C あわれみたまえ 主よ Awaremi tamae shu yo

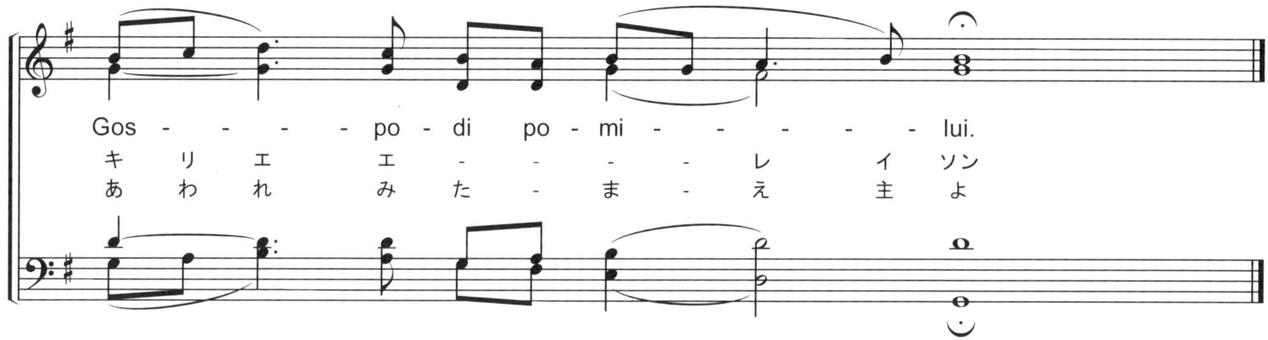
Gos - - - - po - di po - mi - - - - - lui.
キ リ エ エ - - - - レ イ ソン
あ わ れ み た - ま - え 主 よ

あわれみたまえ主よ。／Awaremi Tamae shu yo.

Music : Orthodoxe arr. Taizé

62 Laudamus te ともに主をほめたたえよ Tomo ni shu wo home tatae yo

Lau - da - mus te, be-ne-di - ci - mus te.
と も に 主 を ほ め た た え よ
Lau - da - mus te, be-ne-di - ci - mus te.
と も に 主 を ほ め た た え よ

ともに主をほめたたえよ。／Tomo ni shu wo home tatae yo.

Music : Taizé

63 Shu yo awaremi tamae 主よ あわれみたまえ Shu yo awaremi tamae

Calmly

♩ = 66

(Fine)

Soprano
Tenor

主 よ あ わ れ み た ま え 主 よ あ わ れ み た ま え
Shu yo, a-wa-re-mi ta-ma-e Shu yo, a-wa-re-mi ta-ma-e

Alto

Bass

主よあわれみたまえ。／Shu yo awaremi tamae.

Music : J.Berthier

64 Shu yo, shu yo awaremi tamae 主よ 主よ あわれみたまえ Shu yo shu yo awaremi tamae

主 よ 主 よ あ わ れ み た ま え
Shu - yo, Shu - yo, a - wa - re - mi ta - ma - e

主よ、主よ、あわれみたまえ。／Shu yo, shu yo, awaremi tamae.

Music : J.Berthier

65 Maranatha Shu yo　マラナタ 主よ　Maranatha shu yo

Lento
♩ = 66
(きてくだ　さい)
マ ラ ナ タ　主 よ,　マ ラ ナ タ　来 て く だ さい
Ma-ra-na-tha　Shu yo,　ma-ra-na-tha　ki-te ku-da-sai

マラナタ主よ、マラナタ来て下さい。／ Maranata shu yo, kite kudasai.

Music : J.Berthier

66 Christe Jesu, lumen cordium　キリスト・イエス 光の主　Kirisuto Iesu hikari no shu

Chri - ste Je - su lu - men cor - di - um lau - da - bo te.
キリス ト イェ ス ひ か り の 主 わ が 主 よ
または（あ わ れ み た ま え 主 よ わ が 主 よ）

キリスト・イエス、光の主、わが主よ。／ Kirisuto iesu hikari no shu, waga shu yo.

Music : J.Berthier

67 Jubilate, Alleluia 全地よ主をほめ歌え Zenchi yo shu wo home utae

♩ = 106
F Dm C F
F C/E Dm Am B♭/D Gm C
O Ju - bi - la - te De - o om - nis ter - ra!
おぉ ぜ ん 地 よ 主 を ほ め う た え！
Dm C/E F C
B♭/D B♭ C4 - 3 F
O Al - le - lu - ia, al - le - lu - ia!
おぉ ア レ ル - ヤ ア レ ル - ヤ！

おお、全地よ主をほめ歌え！
おお、アレルヤ！
Zenchi yo shu wo home utae!
Alleluia!

Music : Taizé

68 Wysławiajcie Pana 主をたたえよ Shu wo tatae yo

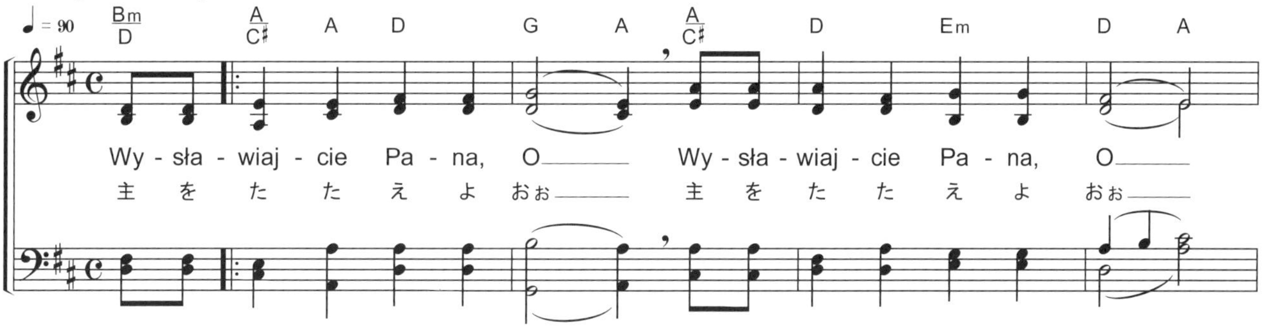
♩ = 90
Bm/D A/C♯ A D G A A/C♯ D Em D A
Wy - sła - wiaj - cie Pa - na, O
Wy - sła - wiaj - cie Pa - na, O
主 を た た え よ おぉ
主 を た た え よ おぉ

G D/F♯ Em A D Bm/D Em D G A Bm/D
Śpie - waj Pa - nu ca - ła zie - mio, al - le - lu - ja, al - le - lu - ja! Wy - sła -
う た え て ん 地 よ い ま ア レ ル - ヤ ア レ ル - ヤ! 主 を

主をたたえよ、おお
歌え天地よ今、アレルヤ！
Shu wo tataeyo,
utae tenchi yo ima, Alleluia!

Music : Taizé

69 Magnificat（choral） 主に歌え わが魂よ Shu ni utae waga tamashii yo

♩ = 152
F Dm C F Am B♭ F C Dm B♭ C F Am
(Fine) Solo
Ma - gni - fi - cat a - ni - ma me - a Do - mi - num. O Ma -
マ ニ フィ カ タ ニ マ メ ア ド ミ ヌム マ
主 に う た え わ が た ま し い よ おぉ あ
E4 - 3 A Dm B♭ C4 - 3 F
Solo
gni - fi - cat. O Ma - gni - fi - cat. Ma -
ニ フィ カ マ ニ フィ カ マ
が め よ おぉ た た え よ 主

主に歌えわが魂よ。おお、あがめよ。おおたたえよ。
Shu ni utae waga tamashii yo. Agameyo. Tataeyo.

Music : J.Berthier

70 Magnificat 3 あがめたたえよ 主よ Agame tatae yo shu wo

♩ = 100
Dm Gm/D Dm Dm/C Gm/B♭ F/A B♭ F/A F B♭/D F/C C
Ma - gni - fi - cat a - ni - ma me - a, ma - gni - fi - cat a - ni - ma me - a, Ma -
マ ニ フィ カ タ ニ マ メ ア マ ニ フィ カ タ ニ マ メ ア マ
あ が め た た え よ 主 を あ が め た た え よ 主 を う

Fine
F/C C F/C F/A F Dm Am Gm/B♭ C D
gni - fi - cat a - ni - ma me - a Do - mi - num. O O O O
ニ フィ カ タ ニ マ メ ア ド ミ ヌム
た え よ ろ こ べ わ が こ こ ろ おぉ おぉ おぉ おぉ

あがめたたえよ、主を、歌え喜べわが心。
Agame tataeyo, shu wo, utae yorokobe waga kokoro.

Music : Taizé

71 See, I am near 主はすぐそばに Shu wa sugu soba ni

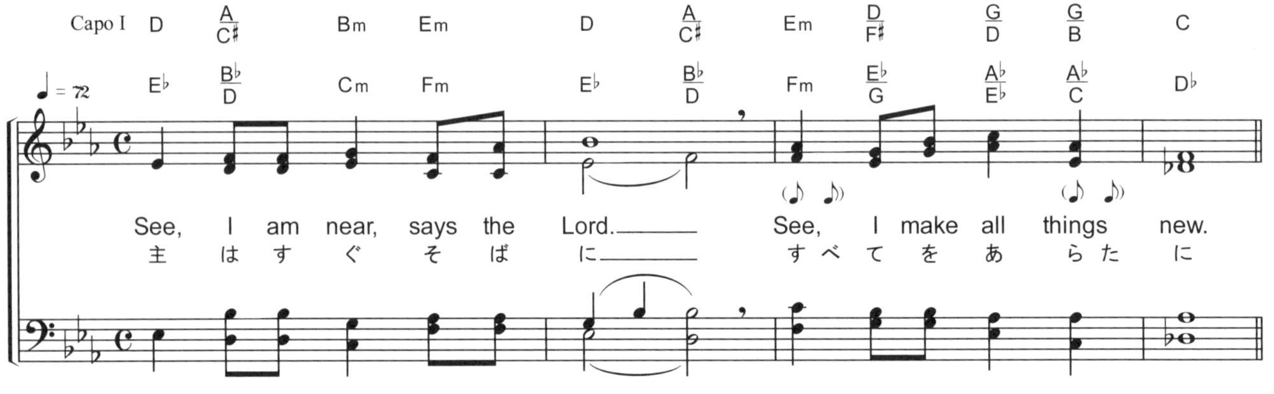
Capo I D A/C♯ Bm Em D A/C♯ Em D/F♯ G/D G/B C
♩ = 72 E♭ B♭/D Cm Fm E♭ B♭/D Fm E♭/G A♭/E♭ A♭/C D♭
See, I am near, says the Lord. See, I make all things new.
主 は す ぐ そ ば に す べ て を あ ら た に

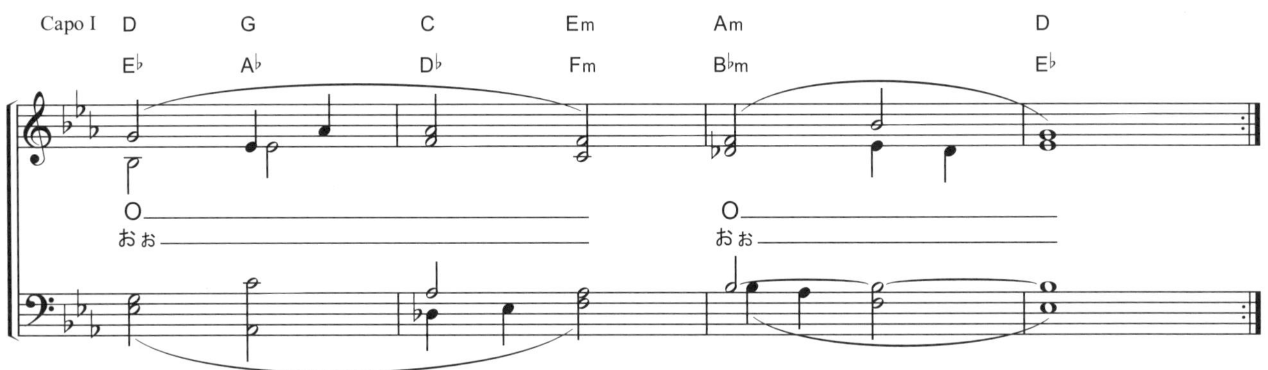
Capo I D G C Em Am D
E♭ A♭ D♭ Fm B♭m E♭
O O
おぉ おぉ

主はすぐそばに。すべてを新たに。
Shu wa sugu soba ni. Subete wo aratani.

Music : Taizé

72 Nothing can ever 何も主とわたしを離せない Nani mo shu to watashi wo hanase nai

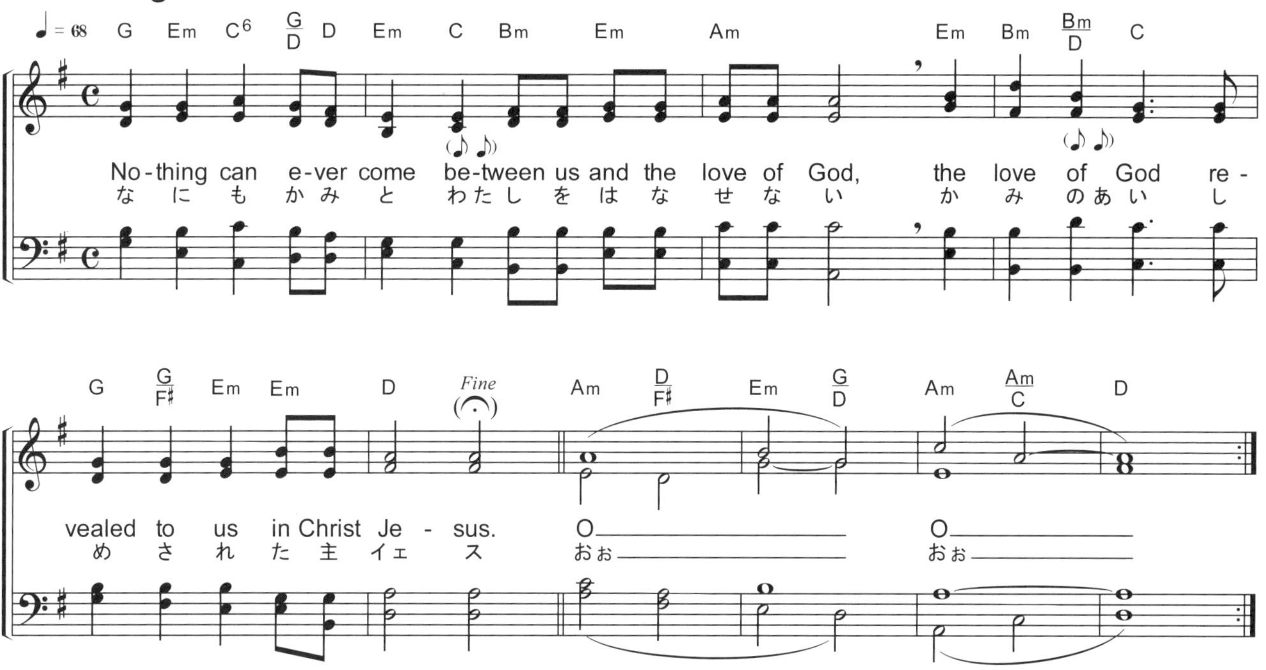
♩= 68
G Em C6 G/D D Em C Bm Em Am Em Bm Bm/D C
No-thing can e-ver come be-tween us and the love of God, the love of God re-
なにもかみとわたしをはなせない かみのあいし
G G/F♯ Em Em D Fine Am D/F♯ Em G/D Am Am/C D
vealed to us in Christ Je - sus. O O
めされた主イェス おぉ おぉ

何も神とわたしを引き離せない、
神の愛、示された主イエス。
Nani mo kami to watashi wo hiki hanase nai,
kami no ai, shimesa reta shu Iesu.

Music : Taizé

73 El alma que anda en amor 愛に満たされ 歩む魂 Ai ni mitasare ayumu tamashii

♩ = 78
F♯m C♯m E4 - 3 A A/C♯ D E C♯m F♯m
1.
El al - ma que an - da en a - mor, ni can - sa ni se can - sa. El
あ い に 満 た さ れ あ ゆ む た ま し い つか⇨
⇨れ る こ と な く よ ろ こ び あ ふ
F♯m Fine Bm/F♯ E E/D A/C♯ D Bm Bm/D E
2.
can - sa. O O El
れ る おぉ おぉ あ

愛に満たされ、歩む魂。
疲れることなく喜び溢れる。
Ai ni mitasare, ayumu tamashii.
Tsukareru koto naku yorokobi afureru.

Music : Taizé

74 Viešpatie, tu viską žinai わたしのすべてを Watashi no subete wo

♩ = 76
Dm Gm/B♭ Dm Am Dm Gm F B♭ B♭/D Dm/F C
Fine
Vieš - pa - tie, tu vis - ką ži - nai. Tu ži - nai, kad ta - ve my - liu.
わ た し の す べ て を 知 っ て お ら れ る 主 よ
あ な た へ の あ い を 知 っ て お ら れ る 主 よ
F B♭ Gm Dm Gm C
Da Capo
O
おぉ
O
おぉ

わたしのすべてを知っておられる主よ。
あなたへの愛を知っておられる主よ。
Watashi no subete wo shitte orareru shu yo.
Anatahenoai wo shitte orareru shu yo.

Music : Taizé

75 Jésus, ma joie イエス 喜びの源 Iesu yorokobi no minamoto

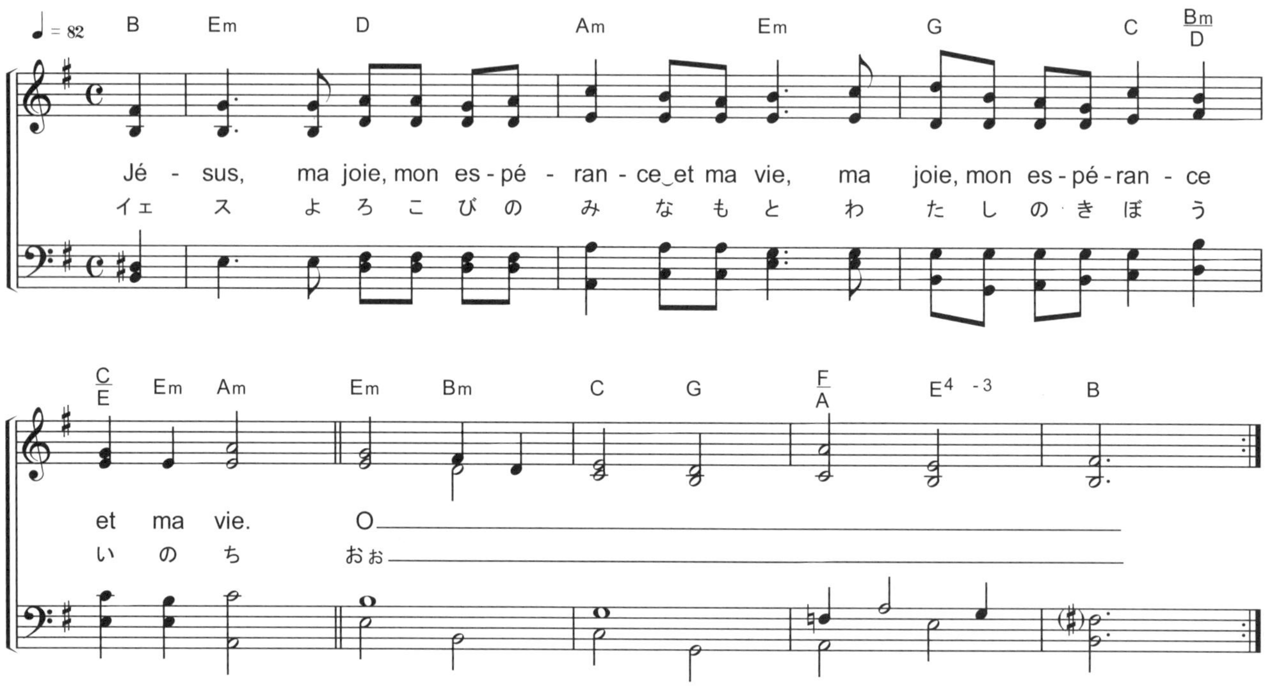
♩ = 82
B Em D Am Em G C Bm/D
Jé - sus, ma joie, mon es - pé - ran - ce‿et ma vie, ma joie, mon es - pé - ran - ce
イェ ス よ ろ こ び の み な も と わ た し の き ぼ う
C/E Em Am Em Bm C G F/A E4 -3 B
et ma vie. O
い の ち おぉ

イエス、喜びの源、わたしの希望、命。
Iesu, yorokobi no minamoto, watashi no kibou, inochi.

Music : Taizé

76 Laetentur caeli 天よ歌え 踊れ大地よ Ten yo utae odore daichiyo

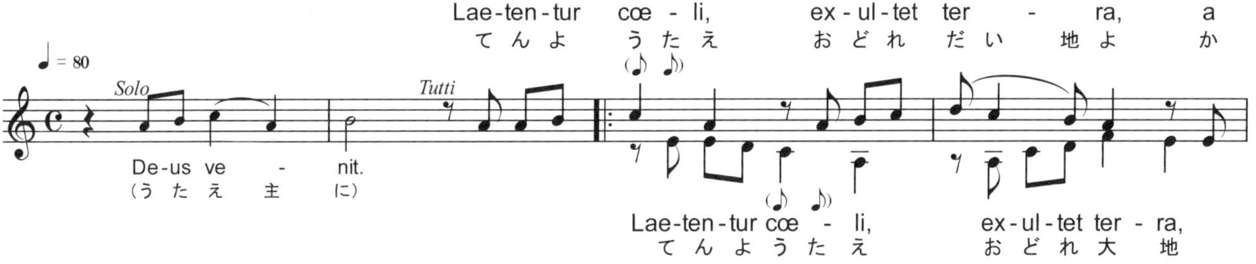
♩ = 80
Solo
Tutti
Lae-ten-tur cœ - li, ex - ul - tet ter - ra, a
て ん よ う た え お ど れ だ い 地 よ か
De-us ve - nit.
（う た え 主 に）
Lae-ten-tur cœ - li, ex - ul - tet ter - ra,
て ん よ う た え お ど れ 大 地

fa - ci - e Do-mi-ni, qui - a ve - nit, qui - a ve - nit. Lae-ten- tur
み の み ま え で い ま 主 が 来 ら れ る て ん よ
Fine
a fa - ci - e Do-mi-ni, qui - a ve - nit, qui - a ve - nit.
か み の み ま え で い ま 主 が 来 ら れ - る

天よ、歌え、踊れ、大地よ。
神のみ前で、今、主が来られる。
Ten yo, utae, odore, daichi yo.
Kami no mimae de, ima, shu ga korareru.

Music : Taizé

77 Retourne, mon âme, à ton repos 立ち戻れ わが主に Tachimodore waga shu ni

♩ = 80
Fm
Re - tour - ne, mon âme, à ton re - pos, car le Sei - gneur t'a fait du
立 ち も ど れ わ が 主 に 主 は わ が や す ら
Re - tour - ne, mon âme, à ton re - pos, car le Sei - gneur t'a
立 ち も ど れ わ が 主 に 主 は わ が や
C7
bien. Il a gar - dé mon â - me de la mort. Il es - suie -
ぎ 死 も な く な げ き も な い わ が 主
fait du bien. Il a gar - dé mon â - me de la mort.
す ら ぎ 死 も な く な げ き も な い

Fine
B♭m
D♭
D♭
Cm
D♭
D♭
F
Cm
Fm
Fm
ra pour tou-jours les lar-mes de nos yeux. Re-tour-ne, mon âme, à ton re-
は なみだ を ぬぐわれる 立ち もどれわが主
Fine
Il es-suie-ra pour tou-jours les lar-mes de nos yeux. Re-tour-ne, mon
わが主は なみだ をぬぐわれる 立ち もど

立ち戻れわが主に、主はわが安らぎ。死も無く嘆きもない。
わが主は涙を拭われる。

Tachimodore waga shu ni, shu wa waga yasuragi. Shi mo naku nageki mo nai.
Waga shu wa namida wo nuguwareru.

Music : Taizé

78 Grande est ta bonté いのちを友のため Inochi wo tomo no tame

Fine
A
Il n'est pas de plus grand a - mour que de don-ner sa vie pour ceux qu'on ai - me. O
い の ち をともの た め す て る ほ ど の あ い は な - い おぉ
B
Gran-de est ta bon - té, Sei - gneur, en-vers nous! O
主 の あ い に み た さ れ て！おぉ

命を友のため捨てるほどの愛はない。
主の愛に満たされて！
Inochi wo tomo no tame suteru hodo no ai wa nai.
Shu no ai ni mitasarete!

Music : J.Gelineau

79 Dieu ne peut que donner 神がなさることは Kami ga nasaru koto wa

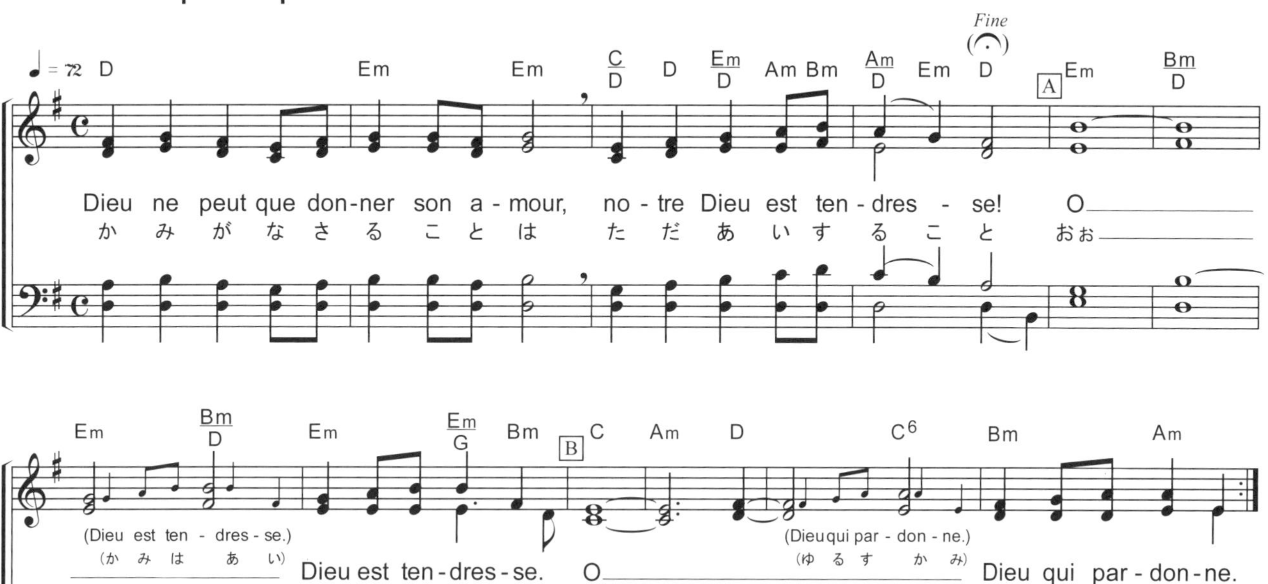

Fine
A
B
Dieu ne peut que don-ner son a - mour, no - tre Dieu est ten - dres - se! O
か み が な さ る こ と は た だ あ い す る こ と おぉ
(Dieu est ten - dres - se.)
(か み は あ い)
Dieu est ten-dres-se. O
か み は あ い おぉ
(Dieu qui par - don - ne.)
(ゆ る す か み)
Dieu qui par - don - ne.
ゆ る す か み

神がなさることは、ただ愛すること！
神は愛。赦す神。
Kami ga nasaru koto wa, tada aisuru koto!
Kami wa ai. Yurusu kami.

Music : J.Gelineau

80 Sfinte Dumnezeule 聖なる神よ Sei naru kami yo

♩ = 72
Sfin - te Dum - ne - ze - u - le, Sfin - te ta - re, Sfin - te făr' de
せ い な - る - か み よ ち か ら の か み よ 不 死 な る
moar - te, mi - lu - ieş - te - ne pe noi.
か み よ - あ わ れ み た - ま - え

聖なる神よ、力の神よ、不死なる神よ、あわれみたまえ。
Seinaru kamiyo, chikara no kamiyo, fushinaru kamiyo, awaremi tamae.

Music : orthodoxe

81 Alleluia（Orthodox） アレルイヤ（正教会） Alleluia

Ал-ли-лу-и - я, ал-ли-лу-и - я, ал - - - - ли - лу-(и) и - я,
Al-le-lu-i - a, al-le-lu-i - a, al - - - - le - lu-(i) i - a!
アレルイ-ヤ アレルイ-ヤ ア - - - -レ ル（イ）イ ヤ！
D.C. al Fine
сла-ва те-бе Бо - (же!) же! Сла-ва те-бе Бо - же! Сла-ва те-бе Бо - же!
Sla-va tie-bie Bo - (že!) že! Sla-va tie-bie Bo - že! Sla-va tie-bie Bo - že!
みさかえ あ -（れ！）れ！ みさかえ かみ-に！ みさかえ あ - れ！

アレルイヤ、みさかえあれ！みさかえ神に！みさかえあれ！
Alleluia, mi sakae are! Mi Sakae kami ni! Misakae are!

Music : Orthodox arr. Taizé

82 Gloria Deo グロリア いと高き主に Gloria ito takaki shu ni

Solo
Glo - ri - a De - o!
(グロ - - リ ア - - - か み に！)
♩= 52
in ex-cel-sis De - o!
い と た か き 主 に
Fine
Tutti
Glo - ri-a De - o! Glo - ri-a, glo - ri-a De - o!
グロ- - リ ア - か み に！ グ ロ - リ ア - グロ- - リ ア - - - か み に！
Tutti
De - o Glo - ri - a, De - o Glo - ri - a!
えい こう か み に - えい こう か - み に！
De - o Glo - ri - a, De - o Glo - ri - a!
えい こう か み に - えい こう か - み に！
D.S.
D.S.

グロリア いと高き主に！グロリア 神に！栄光神に！
Gloria ito takaki shu ni! Gloria kami ni! Eikou kami ni!

Music : J.Gelineau

83 Gloria in excelsis Deo グロリア たたえよ主を Gloria tatae yo shu wo

Fine
Tutti
Glo - ri - a in ex-cel-sis De - o, et in ter-ra pax ho - mi-ni-bus bo-nae vo-lon-ta - tis.
グ ロ リ ア た た え よ 主 を 地 に は へ い わ あ - れ す べ て の ひ と に
sans soprano
Glo - ri - a, glo - ri - a, glo - ri - a in ex - cel - sis De - o.
グロ リ ア - グロ リ ア グロ リ ア う た え い ま か み に
Glo - ri - a De - o.
グロ リ ア - か み に
Glo - ri - a, glo - ri - a, glo - ri - a in ex - cel - sis De - o.
グロ リ ア - グロ リ ア グロ リ ア う た え い ま か み に
D.S.
Glo - ri - a De - o.
グロ リ ア - か み に
D.S.

グロリアたたえよ主を、地には平和あれ、すべての人に。グロリア歌え今神に。
Gloria tataeyo shu wo, chi ni wa heiwa are, subete no hito ni. Gloria utae ima kami ni.

Music : Taizé

テゼについてさらに知るために…

【書　籍】

「テゼの源泉―これより大きな愛はない―」
ブラザー・ロジェ著
テゼ共同体の創始者ブラザー・ロジェによって書かれた本書は、テゼ共同体の召命が立つところを示す。
テゼのブラザーたちのための「テゼの規律」や誓願式のテキストなども収められている。**（サンパウロ）**

「祈り―信頼の源へ―」
マザー・テレサ／ブラザー・ロジェ共著
マザー・テレサとブラザー・ロジェには深い親交があった。「祈りとは何か」「どのようにしたら祈ることができるのか」という人々の問いに対して、共鳴し合う二人がそれぞれのスタイルで答えている。**（サンパウロ）**

「信頼への旅―内なる平和を生きる365日の黙想―」
ブラザー・ロジェ著
日々の黙想を深めるための短いテキスト。**（サンパウロ）**

「暗闇、それが内なる光となるために―100の祈り―」
ブラザー・ロジェ著 / 黙想と祈りの集い準備会訳
ブラザー・ロジェの祈り。テーマ別に短い招きのことばを収録。
（サンパウロ）

「愛するという選択―テゼのブラザー・ロジェ 1915-2005―」
テゼ共同体編
ブラザー・ロジェの逝去後、テゼ共同体によって編集された。ブラザー・ロジェの生い立ちから始まり、彼の主な洞察と彼が具体的にいかに生きたかが記されている。逝去後に、世界各地から寄せられたメッセージなども収録。**（サンパウロ）**

「来てください　沈むことのない光―初期キリスト者たちのことば―」
テゼ共同体編 / 打樋啓史訳
教会が東西に分裂するはるか昔に生きていた初代教父たちのことばを集めた抜粋集。
教会の伝統の深みにある新鮮さをテゼが若者たちに伝える。
（サンパウロ）

「テゼ　巡礼者の覚書」
黙想と祈りの集い準備会編
テゼの生活とその背景の簡潔な解説。日本やバングラデシュなどにおけるブラザーたちの活動も紹介。
テゼへの具体的なガイドや日本で入手可能なCD、書籍、楽譜などの情報も収録。**（一麦出版社）**

「心の垣根を越えて　テゼのブラザー・ロジェ　その生涯とビジョン」
キャスリン・スピンク著 / 打樋啓史、村瀬義史他訳
マザー・テレサなど、福音の核心を現代生きた人々の伝記を手掛けてきた著者によるブラザー・ロジェの伝記。
あまり知られていないブラザー・ロジェの霊的な歩みの逸話とテゼ共同体の具体的な景色が詳細に語られる。**（一麦出版社）**

【CD（日本で入手可能）】

—女子パウロ会—

「ベニ サンクテ スピリトゥス」（1993）
ペンテコステによく歌われる聖霊を求める祈りの歌を複数収録。

「ジュビラーテ・歓喜 」(1991)
20ヵ国語の言語で歌われているアルバム。

「アレルヤ」(1988)
1969年ロンドンで開催されたヨーロッパ青年大会のセント・ポール大聖堂での祈りを録音したもの。

「カンターテ !」(1981)
初期の歌が含まれている。打楽器を使った歌など、最近の録音とは異なるテゼの雰囲気を伝えている。

—サンパウロ—

「Sing to God」(1995)
「Joy on earth」（1999）
この二枚は、英語圏の人々のためにテゼで制作され、テゼの「和解の教会」における祈りの中で録音された。

「Taizé INSTRUMENTAL 1」
「Taizé INSTRUMENTAL 2」
「Taizé INSTRUMENTAL 3」
ギターとフルートのみの演奏。個人的な黙想の助けとして、また楽器の奉仕者がいない小さな集いで伴奏の代わりに用いることができる。

—ドイチェ・グラモフォン
Deutsche Grammophon(Universal Music) —

「Taize：Music of Unity and Peace テゼ：ユニティと平和の音楽」(2015)
ドイチェ・グラモフォンとテゼのコラボレーションによって収録された。
一般に「テゼの歌」として歌われている短い歌の繰り返しだけでなく、テゼで日常的に歌われているほかの種類の曲も収録されている。

【楽　譜】

ほとんどの楽譜（合唱・ソロ・楽器）は、テゼのオンラインショップで購入可能。
https://shop.taize.fr/en/

歌え神に 新しい歌
テゼ共同体の歌 第2集

編集者――テゼ共同体

発行所 ―― サンパウロ

〒160-0011　東京都新宿区若葉1-16-12
宣 教 推 進 部（版元）　Tel.（03）3359-0451　Fax.（03）3351-9534
宣教企画編集部（編集）　Tel.（03）3357-6498　Fax.（03）3357-6408

印刷所――日本ハイコム株式会社

2024年 6月15日　初版発行

ISBN978-4-8056-0812-8 C3016 (日キ販)
落丁・乱丁はおとりかえいたします。